嗨，别担心
你可以克服社交困难

边玉芳 主编

Jennifer Shannon , Doug Shannon

［美］詹妮弗·香农 著　［美］道格·香农 插图

梁丽婵　黄婉婉　译

湖南教育出版社
·长沙·

著作权所有，请勿擅用本书制作各类出版物，违者必究。

图书在版编目（CIP）数据

你可以克服社交困难 /（美）詹妮弗·香农著；梁丽婵，黄婉婉译. —长沙：湖南教育出版社，2024.4
（嗨，别担心）
ISBN 978-7-5539-9868-8

Ⅰ.①你… Ⅱ.①詹…②梁…③黄… Ⅲ.①社会交往–青少年读物 Ⅳ.①G444-49

中国国家版本馆CIP数据核字（2024）第087862号

THE SHYNESS AND SOCIAL ANXIETY WORKBOOK FOR TEENS: CBT AND ACT SKILLS TO HELP YOU BUILD SOCIAL CONFIDENCE(SECOND EDITION) BY JENNIFER SHANNON

Copyright © 2022 BY JENNIFER SHANNON
This edition arranged with NEW HARBINGER PUBLICATIONS through BIG APPLE AGENCY, LABUAN, MALAYSIA.
Simplified Chinese edition copyright: 2024 Hunan Education Publishing House
All rights reserved.

湖南省版权局著作权合同登记章字：18-2023-278号

NI KEYI KEFU SHEJIAO KUNNAN
你可以克服社交困难

出 版 人：刘新民	策划编辑：陈慧娜
责任编辑：陈逸昕	封面设计：凌　瑛

出版发行：湖南教育出版社（长沙市韶山北路443号）
电子邮箱：hnjycbs@sina.com　　网　　址：www.jiaxiaoclass.com
微 信 号：家校共育网　　　　　　客服电话：0731-85486979
经　　销：全国新华书店
印　　刷：湖南省众鑫印务有限公司
开　　本：710 mm×1000 mm　1/16
印　　张：10.75　　　　　　　　字　　数：122 000
版　　次：2024年4月第1版　　　印　　次：2024年4月第1次印刷
书　　号：ISBN 978-7-5539-9868-8
定　　价：42.80元

本书若有印刷、装订错误，可向承印厂调换。

译者序

青少年是儿童向成人角色转变的关键过渡阶段，个体在这一阶段会经历生理、认知和社会性等多方面的发展，对于个体价值观的形成和人生的塑造具有重要的意义。在影响个体成长与发展的众多因素中，心理因素以其不易觉察的隐蔽性、易于波动的敏感性，以及能够决定所有外部因素作用于个体的最终形式的重要性，成为需要特别关注的重要方面。然而，近几年我国青少年的心理健康状况不甚乐观，引发全社会的广泛关注。据估计，全世界有10%~20%的青少年存在心理健康问题，约50%的心理健康问题在青少年时期加剧，若不及时干预，其影响往往会持续到成年阶段。而《中国国民心理健康发展报告（2021—2022）》显示，约14.8%的青少年存在不同程度的抑郁风险，其中4.0%的青少年属于重度抑郁风险群体；《2022年国民抑郁症蓝皮书》也显示，抑郁症发病群体呈年轻化趋势，18岁以下的抑郁症患者占总人数的30%，50%的抑郁症患者为在校学生。抑郁以外，焦虑、成瘾、学习困难、情绪障碍、品性障碍、自残自伤、虐待及霸凌等个体的内外化问题，也都会造成严重的心理健康问题及相关后果，需要引起教育行政部门、学校、家长及青少年自身的高度重视。

这几年，我国政府从国家战略的高度来关注学生身心健康问题。

2023年4月，教育部、国家卫生健康委等十七部门联合印发《全面加强和改进新时代学生心理健康工作专项行动计划（2023—2025年）》，特别提出要全方位开展心理健康教育，组织编写大中小学生心理健康读本，扎实推进心理健康教育普及。为切实回应党和国家的号召，关注社会需求，我们一直将儿童青少年的心理健康作为研究的重要议题，这次我们很高兴应湖南教育出版社的邀请，翻译这套引进自美国New Harbinger Publications公司的青少年心理自助系列图书（Instant Help），向青少年、家长及教育工作者科普相关主题的心理健康知识，以期支持青少年个性、情感、社会适应能力等方面的发展，最终形成健康的自我、丰富的个性和正向的价值观，为全面加强和改进新时代青少年心理健康工作添砖加瓦。

New Harbinger Publications自创立以来的40年间一直是普及心理健康知识、推广积极生活方式、促进个体幸福感提升的重镇。该出版公司致力于邀请经验丰富的从业人士撰写基于实证研究和临床验证的书籍，同时也注重简明扼要、易于操作、切实解决读者面临的真实问题。Instant Help Books是一家专门为儿童青少年以及家长提供心理类自助手册的出版公司，在行业内处于龙头地位，在2007年被New Harbinger收购。该品牌已成为认知行为疗法（CBT）"第三次浪潮"的代表，系列书籍使用接受承诺疗法（ACT）、辩证行为疗法（DBT）和正念减压疗法（MBSR），将传统认知行为疗法技术与正念和接受等其他方法相结合，用最先进的理念和手段向青少年传授行之有效的技能，以帮助他们应对来自父母、学校、社会甚至是他们自己的各种困境。截至目前，该系列已出版50多本著作，主题涵盖焦虑、抑郁等心理障碍临床表现，离婚、社交媒体等触发情境及因素，自我关怀、自信等自我探索与发展方面，以及正念、行动思维等帮助提升幸福感、保持身心健康的技能与手段等。该系列图书不仅能够帮助青少年应对危机、健康成长，也得到了家长、咨询师、治疗师、学校教师和辅导员的一致好评与推荐，其中多本手册再版，并被译作各种语言销往世界各地。

我们精心挑选了其中的8本图书引进到国内出版，涵盖目前我国青少年心理健康需要特别关注的8个方面，包括抑郁、焦虑、愤怒等情绪的调节，社交、父母离异等问题的应对，自伤自残现象的处理，自尊与自我价值的确立等。我第一次阅读出版社提供给我的原稿，就特别喜爱，认为对促进我国青少年心理健康是十分有帮助的。

受邀以来，我们遴选多名文字功底好、治学严谨、认真负责的青年教师和研究生承担翻译、校对等工作，最后由我本人对这些翻译稿进行统校。在翻译过程中，我们秉持客观准确反映原作观点的基本原则，致力于提高文本的实用性和可读性，使其真正服务于我国广大青少年，为他们排忧解难；同时，兼顾家长、校长、班主任和辅导员等群体，将本书打造为解决青少年常见心理问题的操作指南。

最后，我要由衷感谢湖南教育出版社以及陈慧娜、姚晶晶、张件元、陈逸昕、胡晓、崔沛源等各位编辑老师，感谢你们的慧眼和信任，让我们有机会翻译这么好的一套书，感谢各位编辑老师事无巨细的翻译指导和高质量编校。同时我要感谢参与本次翻译的各位成员努力与严谨的工作，他们是梁丽婵、刘昊林、蒋柳青、丁振、庄瑞雪、李海燕、黄婉婉、曾毅，正是大家的共同努力才使这么好的一套书能在较短时间内面世。

  衷心盼望本书能够成为我国推进青少年心理健康教育的工具书！盼望每一个青少年能以乐观、积极、阳光的心态面对充满希望的人生！

边玉芳

2023 年 12 月 26 日于北京

简介

本书第一版于 2012 年出版，那时社交媒体刚刚兴起。随着时间的推移，社交媒体逐渐成为改变我们生活和文化的重要工具。青少年作为许多平台的早期使用者，如今也面临着一些新的挑战。

因为社交媒体上的帖子和评论是公开的，并且可以长久地保存在网络上，所以今天的青少年面临着被评判的风险，而这是前几代人没有经历过的。社交媒体中精心挑选的图片和帖子会给人一种印象，即其他人总是有个小团体，可以一起做一些有趣的事情，从而使不少人产生被冷落或被排斥的感觉。社交媒体会促使负面评判和社交比较的发生，而这与青少年的社交焦虑的增加以及抑郁水平的提升直接相关。

这本新版书就是告诉青少年如何应对社交媒体所引发的消极想法和情绪。他们将学习如何调整自己对他人和自己的期望，如何应对网络批评和由此产生的自我批评。在这本书中，第一版的所有见解和指导仍然保留，并配有全新插图。

你不需要再忍受社交焦虑了，这本书就可以帮助你。如果你愿意练习，这本书就是为你准备的。

Contents 目 录

CHAPTER 1	社交焦虑：你是否因此错过？	001
CHAPTER 2	为什么是我？——社交焦虑的由来	007
CHAPTER 3	连锁反应——自动化思维、焦虑情绪和回避行为	015
CHAPTER 4	慢下来——识别你的连锁反应	025
CHAPTER 5	灾难化歪曲：不要相信你所有的想法	035
CHAPTER 6	社交完美主义：死胡同	053
CHAPTER 7	我在想些什么？检验自己想法的两种方式	063
CHAPTER 8	与你的想法对话：训练大脑去接受并应对挑战	073
CHAPTER 9	解救！应对批评——真实的、想象的和自我造成的	081

CHAPTER 10	搭建梯子：从回避到行动	091
CHAPTER 11	绘制成功表：准备和评估曝光	101
CHAPTER 12	贝拉的阶梯：曝光、曝光、曝光	115
CHAPTER 13	问题解决：陷入困境时该怎么办？	133
CHAPTER 14	超越：犯错如何使你更强大？	143

结语	149
附录：给青少年以及他们的父母或监护人	151
附录 A　关于治疗和药物	152
附录 B　其他常见的焦虑类型	158

CHAPTER 1

社交焦虑：你是否因此错过？

你是否担心别人会认为你在学校、聚会或社交平台上的言行很蠢？你是否会把自己与更聪明、更有吸引力、更受欢迎的人进行比较？你是否在社交时容易感到害羞或尴尬？你是否担心别人会通过脸红、颤抖或出汗等身体迹象看出你焦虑？

对青少年来说，关心别人对自己的看法和评价是正常现象，很多时候感到尴尬或焦虑也是正常的。然而对一些青少年来说，在社交中产生的焦虑感则是一个困扰以及影响他们生活的问题。下面是五个存在社交焦虑的青少年，了解他们的事例将帮助你理解自己的羞怯以及如何应对它。亚历克斯从不约会，因为他不知道该说些什么；贝拉避免在社交中成为关注的焦点，因为她很容易脸红，怕会让别人看出她很焦虑；布兰迪担心在社交媒体上被人评头论足，所以每次会花很长的时间去完善自己发出的帖子；露西娅觉得自己讲的话没什么意义，所以她什么都不说；

克里斯担心在别人的注视下容易紧张而犯错……在这本自助手册中,我们将跟随这五位青少年以及其他青少年学习如何克服社交焦虑。

● 以下是一些常见的可能会引发焦虑的社交情境，请在你会感到焦虑的社交情境前的方框中打钩。

- ☐ 开始或加入交谈
- ☐ 在课堂上回答问题
- ☐ 邀请朋友聚会
- ☐ 参加考试
- ☐ 给不熟的人发消息
- ☐ 进入已有他人就座的房间
- ☐ 在白板或黑板上写字
- ☐ 在社交媒体上发布评论或照片
- ☐ 与一群同龄人合作
- ☐ 上体育课
- ☐ 撰写社交媒体上的个人简介
- ☐ 在教室外走廊溜达
- ☐ 向老师提问或求助
- ☐ 回复别人发给你的消息
- ☐ 使用公共卫浴
- ☐ 在别人面前吃东西
- ☐ 在别人面前写东西
- ☐ 接电话或打电话
- ☐ 当众表演
- ☐ 在全班同学面前做报告或大声朗读

- ☐ 与成年人交谈（例如，店员、服务员或校长）
- ☐ 与新来的人或不熟悉的人交谈
- ☐ 参加聚会、舞会或学校大型活动
- ☐ 拍照（例如，为学校年鉴拍照片）

你可能在一些甚至很多这样的场景中感到社交焦虑，但这并不意味着你有问题。判断你是否患有社交焦虑的关键不在于你是否在社交场合中感到焦虑，而在于你是否尽力回避这些场合。

真正的考验不在于你是否感受到了焦虑……

而是你是否会尽量避免感到焦虑。

你可以通过回避让你不舒服的情境来应对社交焦虑，但如果你像大多数社交焦虑的青少年一样长期采用回避的方式，久而久之，你就会懊恼因为回避而错失了许多机会。这本自助手册旨在帮你找回错过的东西并重新开始你的生活。

为了帮助你确定自己是否患有社交焦虑症，你可以通过相关量表进行测试（请关注"家校共育网"并注册，即可免费领取）。下一章你将了解社交焦虑是如何发展形成的，以及为什么这不是你的错。

CHAPTER 2

为什么是我？
——社交焦虑的由来

为了理解社交焦虑，你需要搞清楚它是如何产生的以及它存在的意义。社会关系对我们来说非常重要，这是有充分理由的。除了少数例外，大多数个体离开社会关系是无法长久生存的。从人类最早有记载的历史开始，我们就一直是群居动物，在家庭、部落和社区中建造遮风避雨的住所，狩猎和采集食物，共同抗击捕食者。

因为人际关系对生存至关重要，所以我们的中枢神经系统为了"维护它"会竭力阻止我们犯那些可能招致批评和拒绝的错误。在可能会令人不悦或冒犯他人的社交场合，我们会经历焦虑——以恐惧、尴尬、紧张、出汗等感觉形式表现出来。这种焦虑感是在提醒我们避免冒不必要的社会风险，因为这些风险可能会威胁到我们赖以生存和发展的人际关系。

焦虑对我们来说是有益且必要的，然而在一些人身上，神经系统会过度反应并过于兴奋，导致发出错误警报。就像使用烤面包机时烟雾传感器可能发出误报一样，你的焦虑可能是虚报的信号，夸大了你被批评和拒绝的危险。

如果我们能减弱神经系统的反应，那就方便多了，但我们大脑中控制神经系统的部分是不受我们直接控制的，它有自己的思想。作为我们大脑中最古老、最简单、最原始的部分，它不像我们大脑中逻辑、理性的部分那样会去推理或评估风险。它的"思考"更像动物，是本能的、反应性的。

虽然它经常被称为"爬行动物脑"或"蜥蜴脑"，但我更喜欢把我们大脑中动物的部分称为"猴子脑"。与爬行动物和蜥蜴不同，猴子是

社会性动物，它们关心归属感，而且为了避免被赶出部落，它们什么都能做。

如果你希望自己能够参与到某些社交场合中却很难做到，这是因为你的生存本能决定了你要回避它们，即你有一个过度反应的"猴子脑"。它高估了别人对你负面评价的可能性，也低估了你应对负面评价的能力。这就引出了一个问题：为什么这只小野兽控制着你的神经系统，而不是其他人的？

这个问题不是凭空出现的，有三个因素会影响你的神经系统在社交场合中的反应。首先是你的基因倾向。

基因倾向

我们带着先天的基因来到这个世界，包括在社交场合中的焦虑倾向。如果你查阅自己的家族史，你可能会发现某个叔叔或姑姑，父母或祖父母，甚至某个兄弟姐妹跟你一样害羞。他们可能没有完全的社交焦虑，但他们以某种你可能知道的方式被"增强"了。科学家们还没有发现特定的羞怯基因，但他们已经确定，像蓝眼睛或卷发一样，社交焦虑也会代代相传。

● 请列出在社交场合表现出焦虑的亲戚。

_____

_____

_____

*除了羞怯，你或你的亲戚可能还经历过其他各种各样的焦虑表现。在本书末尾的附录中，列出了常见的焦虑表现。

父母榜样

第二个可能导致你产生社交焦虑的因素是父母的榜样作用。你的父母是否很少参加社交活动？他们是否花了很多心思去给人留下好印象？如果你的父母性格过于谨慎或孤僻，那么你可能从他们那里学到了一些会引发社交焦虑的行为。

● 请描述你的父母以哪些方式表现焦虑和回避。

_____

_____

_____

_____

令人烦恼的事件

几乎每个人都有过在学校表演或众目睽睽下忘词的经历。对于大多数人来说，这段经历只是一段值得一笑的回忆，但对于社交焦虑的人来说，这可能是一场创伤性的灾难。他们非常担心重蹈覆辙，以至于在课堂上被点名或做口头报告都变得很可怕。

让你感到烦恼的事件可能有：在课堂上答错了问题；发现只有自己没有被邀请参加某个聚会，而其他人都被邀请了；听到谣言说你喜欢一个你并不喜欢的同学；或者有一个刻薄的老师在全班面前羞辱你。

你的记忆中有哪些令人烦恼的事件？

你无法改变你的宗谱、你的父母和你的过去,但你能改变对焦虑的反应。今天你在社交场合中的行为将决定未来你在社交场合中的感受。这是因为即使是大脑中最原始、最顽固的部分,也一直在学习。"猴子脑"是可以被驯服的。

在本书中,你会看到不同的青少年与猴子的插图。这些都是为了提醒你,不管你的社交焦虑是如何发展起来的,控制它的方法就是控制"猴子脑"。想要知道如何做,请翻到下一章。

CHAPTER 3

连锁反应——自动化思维、焦虑情绪和回避行为

亚历克斯

亚历克斯注意到自己很喜欢的同学吉内尔从走廊里走来,他迅速把头埋进储物柜里,假装正在找书。几秒钟后,吉内尔拐了个弯,消失了。

亚历克斯把头伸进储物柜里，显然是为了避免与他喜欢的人接触。这样对亚历克斯有利吗？为什么亚历克斯会表现出这种行为，减少了了解他所喜欢的人的机会？

为了理解亚历克斯躲着吉内尔的原因，我们需要分析这个场景并找到事件之间的联系。让我们重新回顾这个片段，定格在亚历克斯见到吉内尔的那一刻，看看他在想什么。

自动化思维

当亚历克斯看到吉内尔走近时，他脑海中闪过的想法——如果他不说点有意思的话给她留下深刻印象，她会认为他奇怪、愚蠢、不够好。他以前就有过很多类似的想法，不单单是对吉内尔，而是对任何让他印象深刻或吸引他的人。

社交焦虑的青少年总是认为别人在观察和评判他们。他们认为自己的表现必须达到非常高的标准，否则就会受到公开或暗地里的批评或嘲笑。这些想法是自动产生的，产生得很快，快到我们通常都没有意识到它们。

诱发感受

这些自动化想法诱发了我们的感受。如果你像亚历克斯一样，认为除非自己很聪明，否则就会被视为愚蠢或怪异，你会有什么感觉？

● 以下是社交焦虑的青少年一些常见的情绪：

尴尬——羞耻、不自在

焦虑——担忧、恐慌、紧张、害怕

孤独——寂寞

绝望——气馁、挫败

羞愧——悔恨

内疚——难过、感到抱歉

悲伤——抑郁、沮丧、不高兴

泄气——陷入困境、挫败、泄气

嫉妒——羡慕、怀疑

困惑——昏沉、困惑、迷茫

伤心——受伤、心烦意乱、委屈

失望——沮丧、不抱希望、心灰意冷

愤怒——气愤、怨恨、恼怒、心烦意乱

如果我们问亚历克斯他的感受，他可能会用"焦虑""恐慌""没有安全感""尴尬"或只是简单的"害怕"来形容他的不适。当我们有这种感觉时，会怎么做呢？

从第一个野人遇到美洲狮以来，我们一直采取的措施就是：跑开！躲起来！

回避行为

当人们感到焦虑时，回避是他们最常采取的行动。这样可以让害怕的事情无法发生。亚历克斯不知道该对吉内尔说什么，也担心吉内尔觉得他很奇怪。如果他将头埋进储物柜里，这种事情就不会发生。这是解决他社交焦虑的简单易行的短期方法。

问题在于，长远来看，亚历克斯无法得到他真正想要的，即了解吉内尔。他最终会错失这段关系，而这会导致孤独和抑郁。

贝拉

贝拉正在参加班上的秋游活动讨论会。每个人都轮流进行自我介绍并分享自己想要负责的部分。

当别人在做自我介绍时,贝拉非常焦虑,她几乎无法集中精力听别人说话。快轮到她的时候,她的心跳就开始加速,脸也涨得通红。

轮到贝拉发言时，她捂着脸，不敢说话。贝拉真的很想参与进去，但焦虑感阻碍了她融入进去。为了理解是什么引发了她的焦虑，让我们来看看轮到她时她在想什么。

自动化思维

贝拉预想每个人都会注意到她的脸红和颤抖的声音，这并不是有意而为，而是无意识发生的。每当她要在新环境中发言时，她就会有这些想法。和亚历克斯一样，别人可能进行的观察和评判引发了贝拉的感受。如果你认为别人会注意到你有多焦虑，你会有什么感觉？尴尬？还是害羞？

生理感觉

由我们的自动化思维引起的害羞和尴尬等情绪,通常伴随着强烈的生理感觉。这里有一些你可能经历过的常见生理反应。

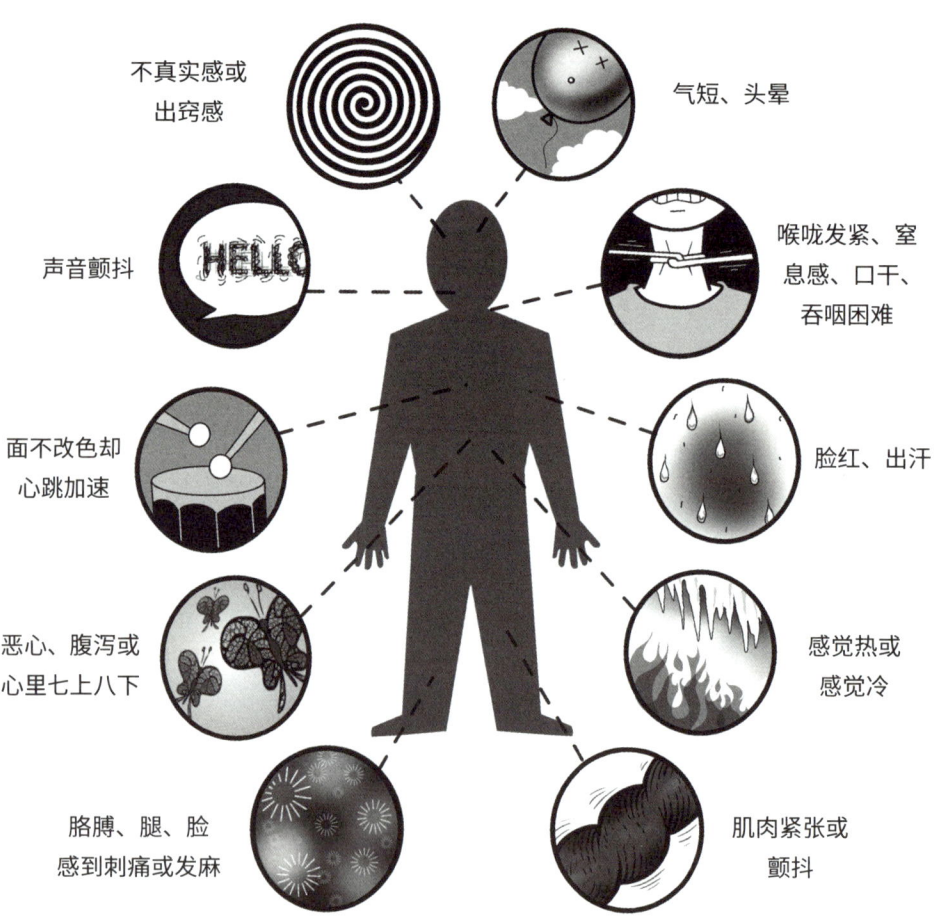

虽然出现这样的生理感觉完全是正常的，但对于像贝拉这样的青少年来说，想到别人会注意并评判自己尤其会感到不安。你有没有担心过人们会注意到你在出汗、脸红，或者手和声音在颤抖，从而对你作出负面评价？我们比别人更清楚自己身体出现的症状，但肯定跟别人想的不是一样的感觉。

回避行为

当我们感到自己的社会地位受到威胁时，我们会避免被他人注意到。对贝拉来说，最自然的反应就是掩饰她的脸红和颤抖的声音。

就像我们在亚历克斯身上看到的那样，分析贝拉的情况时，我们看到了一系列的反应。自动化思维（"他们会看到我有多焦虑！"）引发了焦虑感（脸红、喉咙发紧），进而导致回避行为（捂着脸、尽量少说话）。

虽然逃避行为可以暂时缓解焦虑情绪，但它无法满足我们真正渴望和需要的东西：联结和归属感。最后，我们会感到孤立和沮丧。为了打破这种恶性循环，你需要了解它在你的生活中是如何起作用的，这也是我们下一章的主题。

CHAPTER 4

慢下来——
识别你的
连锁反应

正如我们在上一章中所学到的，如果没有自动化思维的触发，那些想让我们回避社交情境的情绪和感受就不会出现。如果我们能阻止自动化思维突然出现，那就不会有连锁反应了！

但是，只要我们一直回避那些让我们感到社交焦虑的情境，那么关于这些情境的负面自动化思维就会不断出现。这是因为回避行为使自动化思维变得更有信服力。每次亚历克斯避开吉内尔或任何他喜欢的人，都使他更加确信接近这些人是"危险的"。正如每次贝拉在社交场合掩饰自己时，她都会确信，如果别人看出她的焦虑，那将是多么糟糕。

对你、亚历克斯和贝拉来说，这是一样的。无论回避哪种社交情境都会证实这种情境确实很危险。当我们不断地回避某些情境时，我们永远学不会如何应对别人对我们的批评或评判。对某种情境的不断重复证实是很危险的,当下次再发生这种情况时,它会引发更多可怕的自动化思维。这种连锁反应一次又一次地重复,使回避行为成为一种习惯,并导致持续性的错失。

虽然这样说可能听起来毫无希望,但正如你即将学习到的那样,这实际上是一个令人欣喜的消息。一旦你能识别出生活中的连锁反应,你就可以开始计划如何打断它们。让我们来看一些更为常见的引发青少年社交焦虑的场景,看看你能不能察觉出其中蕴含的连锁反应。

露西娅

让我们回顾一下露西娅在这种情况下的想法—感受—行为连锁反应，你认为她的想法、感受和行为是怎样的？请写下来。

想法 我没啥要说的，我是个怪人

感受 尴尬、缺乏安全感

行为 沉默、回避

- 你是否曾和一群你不太了解的人一起谈论你不太了解的事？请在下面写出一个事例。

想法 你会担心正在发生的还是可能会发生的事？

感受 那时你有什么感受？

行为 你做了什么？

让我们看看其他青少年的经历，看看是否能发现其中的连锁反应。

布兰迪

● 布兰迪的想法—感受—行为连锁反应是什么？

想 法

感 受

行 为

- 你认为其他人会评判你的帖子和其他社交动态吗?

- 你觉得他们会怎么想或者会说些什么?

- 你是如何避免在社交媒体上被负面评价的?

克里斯

这是会让克里斯感到焦虑的场景。他觉得自己是唯一有这个问题的人,然而事实上,在周围有其他人时,许多青少年在进行日常活动时都会感到不舒服。

● 写下克里斯的想法—感受—行为连锁反应。

| 想 法 | _____ |

| 感 受 | _____ |

| 行 为 | _____ |

- 有些事情，当我们一个人的时候可以很自然地做得很好，但有其他人在场时好像就很难了。什么情况会让你感到难为情？

  _____
  _____
  _____

- 你认为别人会如何评价你的"表现"？

  _____
  _____
  _____

- 那些真实或想象的评价让你感觉如何？

  _____
  _____
  _____

- 这些感受让你想做些什么？

  _____
  _____

接下来的练习将帮助你更详细地检验自己的想法—感受—行为连锁反应。

想法—感受—行为连锁反应练习表

● 回到本书第 4 页至第 5 页的列表,回顾你所勾选的令你感到焦虑的场景。选出特别困扰你的几个场景,尝试在下面的空白处描述连锁反应的每个环节。

情境 1:_____

- 想法　_____
- 感受　_____
- 行为　_____

情境 2:_____

- 想法　_____
- 感受　_____
- 行为　_____

在焦虑的情况下，我们的想法—感受—行为连锁反应发生得如此之快，以至于我们常常在察觉到事件发生之前就已经开始采取逃避行为了。就像棒球击球手能看到以 140 千米每小时的速度飞驰而来的球一样，我们也可以培养积极面对自动化思维和焦虑情绪的意识，并减缓这种连锁反应直到我们能掌控它。连锁反应的强度取决于它最薄弱的一环，如果能找到这个环节，我们就能学会如何去打破这个连锁反应。在接下来的章节中，我们将详细探讨自动化思维。

CHAPTER 5

灾难化歪曲：不要相信你所有的想法

想象一下，此刻你在某个嘉年华或游乐场正盯着哈哈镜中的自己。是的，镜中的人就是你，但是你的脸没有那么长、肚子没有那么大、腿也没有那么瘦，是镜子扭曲了现实。

当我们感到焦虑时，我们的想法就会经由"哈哈镜"冒出来。更糟的是，我们意识不到这种歪曲，仅从表面看待这些想法，而这会使我们更加焦虑。

本章阐述了有社交焦虑的人通常会陷入的 6 种歪曲思维。当意识到这种思维的歪曲时，你就能更轻松地应对它。第一种歪曲思维是你能迅速识别出来的。

灾难化思维

你可能听过有人问,最坏的结果会是什么?当一个事件发生时,你总是倾向于想到最坏的可能结果,即使还有一百种其他的可能。这就是灾难化思维。

当这位青少年约会被拒时,他认为这件事会被很多人关注,而且很快全校同学都会知道并嘲笑他。对当事人来说,这可能是一场灾难,但它发生的可能性有多大?

- 谈谈你生活中的"灾难化事件"。

- 你认为可能发生的最坏结果是什么?

忽视积极经验

你是否曾因过度担心自己的言行而忽略了其实整体上你的社交互动是良好的？比如，当你和某人交谈时，并没有出现结结巴巴的情况，反而很享受这次对话。有时候你和别人交谈得很好，却不会觉得自己做得不错，你会认为："嗯，她真的很友善，这也是为什么我觉得很舒服的原因，但大多数人并不是这样，和他们交谈会让我感觉被冻结住了。"如果你忽视成功、忽视积极经验，就很难树立自信。

乔纳森讲了一个有趣的笑话，他的朋友们都笑了，但他对他们的反应并不是很满意，也没有认为自己很幽默，而是担心自己可能会被误会。

● 描述一个你认为进展还比较顺利的社交场景,在脑海中不断回顾这个场景,找出你的不足之处。

_____
_____
_____
_____
_____

● 在与他人的互动中,你忽略了哪些积极体验?

_____
_____
_____
_____
_____

我们常说戴着滤镜去看待某件事情,是指总是看到事物积极的一面。对有社交焦虑的青少年来说,他们在一些触发焦虑的情境中就像佩戴了一副深色眼镜,虽然感官一切正常,能接收到所有信息,却忽略了所有积极信息,只留下了消极的部分。下面就是一个看不到事物积极方面的青少年。

● 在什么情况下，你可能只会看到自己的不足之处？

_____
_____
_____
_____
_____

贴标签

棍棒和石头或许会让人骨折，但言语却才是真正伤害一个人的利器。辱骂他人实际上是贬低对方，而自我辱骂则是在贬低自己。例如，当你将书遗落在大厅时，就觉得自己"我很愚蠢"。我们都犯过愚蠢的错误，并不代表我们就是愚笨。

输掉一盘棋并不意味着你就是个失败者。某个愚蠢的想法脱口而出也不意味着你就是个白痴。像"废物""失败者"和"白痴"这样的标签并不能真正代表我们的全部。

● 社交焦虑的青少年经常会用下面这些标签来描述自己。你会用哪个或哪些呢？

- ☐ 差劲
- ☐ 蠢人
- ☐ 有缺陷
- ☐ 让人厌恶
- ☐ 无趣
- ☐ 糟糕透顶
- ☐ 废物
- ☐ 白痴
- ☐ 愚蠢
- ☐ 失败者
- ☐ 无能
- ☐ 疯子

聚光灯效应

当一个伟大的高尔夫球手在一场势均力敌的比赛中击球时,他不会关注自己握杆的方式或击球的弧度。舞台上的演员在做手势时也不会盯着自己的手,在说台词时也不会注意自己的声音。高尔夫球手和演员都会让自己沉浸在角色中,而不是思考自己的技巧。

在我们的日常生活中也是如此。当我们把注意力集中在自己身上时,我们就会感到难为情。本应是自然、自发的表达就会变成一种痛苦的表演。聚光灯效应会让你觉得自己与众不同。你说的每句话听起来都感觉很奇怪或很假。你不相信也不喜欢自己留给他人的印象,更糟糕的是,你会认为每个人都在密切关注你,就像你在密切关注自己一样。而当你聚焦于自己的内心活动时,你怎么能融入生活并与他人建立联结呢?

每个人都会时不时地感到不自在,但大多数人在意识到这种情况后就能够放下。他们轻轻按下开关,把聚光灯关掉。但是,当社交焦虑的青少年感到不自在时,就会调亮聚光灯,把这种不自在感放大到使自己麻痹的程度。

你也可能聚焦于自己的身体变化。如果你在出汗、颤抖或脸红，而你的注意力也集中在这些事情上，那么这些正常的焦虑症状就会加剧。例如，你在课堂上发言时，可能会注意到自己心跳得很快。接着，当你把注意力集中在心跳上时，心跳就会加剧，直到感觉心脏要从胸腔中跳出来了一样。"周围的人都能看到发生了什么，"你心里暗想，"他们知道我吓坏了！"当你下课离开教室时，聚光灯也一直跟着你，让每个人都看到你走路有多笨拙。当你生活在聚光灯下时，这种情况会持续一整天。

- 讲述一个你觉得自己"在聚光灯下"的情景。

- 你认为自己给他人留下了怎样的印象?

- 当你坚信周围的人一定在关注你时,你有什么感受?

读心术

如果你觉得自己站在聚光灯下，每个人都在盯着你看，那你自然也会担心大家对你的看法。作为一个会读心术的人，你认为自己知道别人在想什么，尤其是当他们在批判你的不足时。你没有超能力，但你就是知道。

因为你非常确定，所以你就懒得去弄清楚到底发生了什么。例如，一个朋友约你去某个地方见面，然而她并没有出现。由于你觉得自己能读懂她的心思，所以你认定因为她觉得你是个失败者，她愿意见你的唯一理由就是她为你感到难过。而事实可能是你的朋友只是忘了，但你并没有问她原因，你什么都没说。

- 描述一次让你感到焦虑的与某人之间的互动。

- 你觉得他是怎样看待你的?

消极比较

我们都喜欢拿自己和别人比较。当我们取得成绩时，自然也很想知道其他人在这方面做得如何。有时候，这些比较能够激励我们，促使我们努力实现自己的目标——例如，时装界模特可能带给你穿着打扮方面的创意，欣赏技艺精湛的音乐家的表演可以激励你更加勤奋地练习乐器。

但是，消极比较，即只选择有魅力的、成功的或富有的人与自己进行比较，会让我们感觉自己更差劲。如果你把自己与高中球队的明星，甚至是奥运冠军进行比较，这会对你的自信心造成怎样的影响？少吃甚至节食，努力让自己看起来像时尚模特一样是明智的吗？这些模特只代表了很小一部分人在体重和文化上理想化的特征。此外，你就一定能买得起那些比你有钱的人的衣服、汽车或豪宅吗？

通过与他人的长相、成绩、财产或才华相比来赢得社会尊重绝非明智之举，因为总会有人比我们更优秀，需要我们付出更多的努力才能跟上。当我们认为自己做得不够好，并且几乎很难做到时，我们可能会觉得自己能力不足而变得沮丧，并停止努力。当我们看到别人比我们拥有更多我们想要的东西时，我们会忍不住去跟他们进行消极对比，这样只会让我们感觉更糟。

无意识信念

灾难化歪曲（灾难化思维）并非社交焦虑的青少年所独有的。如果你留意身边的朋友、你的父母甚至公众人物说的话，你就会注意到每个人，无论是否有社交焦虑，都可能存在前面说的 6 种歪曲思维：灾难化思维、忽视积极经验、贴标签、聚光灯效应、读心术以及消极比较。当这些歪曲思维和最后一种歪曲思维（我保证这是最后一次）一起出现时，将给社交焦虑的青少年带来大问题。对于他们来说，这是最灾难性的，因为这不仅仅是一种歪曲思维，而且是一种歪曲信念。每个社交焦虑的青少年都无意识地认为：我可不能犯错误。这种信念体系被称为社交完美主义，这也是下一章的主题。

CHAPTER 6

社交完美主义：死胡同

本章开始，先让我们来做一个社交完美主义的测验吧。

社交完美主义测验

🟠 对下列描述进行从 1 到 5 的评分，其中 1 代表非常不同意，5 代表非常同意。

_____ 如果我讲了一个笑话，那每个人都应该觉得好笑。

_____ 如果我发的帖子没有在网上得到足够的赞，那就意味着人们不喜欢我。

_____ 如果交谈中出现了尴尬的冷场，那很可能是我的问题。

_____ 如果我绊倒了或说话结巴，人们会觉得我有问题。

_____ 如果我说的话最终被证明是错误的，人们会觉得我很蠢。

_____ 如果我发的消息有错误，人们会觉得我很烦。

_____ 如果我忘记了别人的名字，他们会觉得我不在乎他们。

_____ 如果我穿了别人不喜欢的衣服，那证明我的穿衣品位很差。

_____ 如果我说的话被别人误解了意思，我就会不知所措。

_____ 如果我做口头报告，我应该是放松的和自信的。

_____ 如果我显得紧张（例如，脸红或颤抖），别人会认为我能力差。

你的分数加起来怎么样？在这个测试中获得的总分并非科学的衡量标准，但大体上，你的分数越高，允许自己在社交场合犯错误的可能性就越低。如果你为了与他人建立联结所做出的努力，没有得到百分之百的积极回应，你就会觉得自己不够好、不被接纳。这就是社交完美主义，羞怯和社交焦虑的青少年都有这样的信念。

我不能犯错

你或许会说:"测验中的那些陈述听起来不像是完美主义,它们听起来很现实。完美主义者都是成就超群的人,他们为了获得 A+ 和第一名而拼命工作。我不是一个完美主义者。"虽然追求卓越可能是对完美主义者的普遍印象,但正是这种只有 A+ 或第一名才能被接受的信念会使人成为完美主义者。所有社交焦虑的青少年在某种程度上都是社交完美主义者。他们不容许自己出现社交错误的风险,因为他们不相信自己能够应对错误可能引起的批评或拒绝。

一个社交完美主义者是很难成功的。你觉得你必须时刻保持吸引力,总是放松的、有趣的、聪明的、漂亮的,或者任何你认为你应该成为的样子。你对自己的期望高于对其他人的期望,高于你可能达到的水平。对你来说,根本就没有差不多这回事。你永远都觉得不够好。

不允许犯错是一种无情的评判自己的方式。这就是为什么社交焦虑的青少年经常遭受低自尊的困扰。如果你认为只有总是得到每个人的认可才是"被接纳",那你就无法完全接纳自己。你也就不愿意为实现目标而承担必要的风险。

在现实中检验信念

青少年觉得很难质疑"我不能犯错"这个信念,部分原因是他们认为其他人都不会犯错(这受到他们灾难化思维以及消极比较思维的强化)。你身边的同龄人是否跟你想的一样,在社交方面总是特别优秀呢?体育冠军、电影明星和名人总是完美无缺的吗?

想想你非常崇拜的人,他可能是你的家人、一名著名的音乐家、一个体育冠军、一个公众名人或历史人物,他们可能在某一方面很有天赋,但这并不意味着他们擅长一切。他们也有缺点。他们可能与毒品作斗争,他们可能做过不道德的事,他们肯定在某方面也犯过错。这是因为无论你多么有名或有才华,你仍然是人。人,我们每一个人,都有缺点。

你对受欢迎的人和成功人士了解得越多,你就会发现他们并不完美。实际上,他们可能比普通人犯了更多的错。我们钦佩的不是他们从来不犯错,而是他们非常清楚自己生命中的价值所在,并且愿意冒着会犯错的风险来遵循这些价值观。

当你最看重的东西是不犯社交错误时,那你其他的个人价值观呢?当我们过分重视在社交场合避免被拒绝时,我们就会轻视其他东西。你轻视了生活中的什么呢?

按照价值观行事

对许多青少年来说，确定价值观是很困难的。谈论目标要容易得多，比如考试得 A、赢得比赛、交朋友、找到工作，或者被大学录取。目标是我们在生活中想要得到的东西；价值观是我们实现目标的方式。我们的目标定义了我们希望实现的东西；我们的价值观定义了努力实现这些价值观的人。

你看重什么？是安全、不犯错、让所有人都喜欢你、从不被拒绝吗？当远离批评是我们的最高价值观时，我们就不会尝试我们感兴趣的事情。我们不会去广交朋友和参加活动，因为我们担心别人看到我们的缺点。以下是人们高度重视的一些品质，圈出那些你相当认同的。

有趣	自发性	联结
承担风险	成长	冒险
诚实	创造性	自我表达
勇敢	真诚	独立

你圈出来的价值观中，哪些是你真正遵循的？如果你的最终目标是与他人建立联结和获得归属感，那么你需要开始按照自己的价值观生活。共同的价值观是保证人与人之间最牢固的纽带的黏合剂。

还记得那个目标是见到吉内尔的亚历克斯吗？他圈出的价值观是勇敢和真诚。如果他在不遵循这些价值观的情况下去努力实现那个目标的话，他就会失去一些东西。例如，如果他让某个朋友去问吉内尔是否愿意跟他交朋友，他就没有遵循勇敢这一价值观。或者，如果他没有去主动认识吉内尔，却只敢与不会让他感到焦虑的女孩聊天，他就无法真实地活着。或者，用积极的方式来说，如果你按照自己的价值观行事，即使没有达到你的目标，那你也是成功的。

对亚历克斯和所有社交焦虑的青少年来说，了解自己的价值观尤为重要。

即使亚历克斯在向吉内尔介绍自己时无法找到恰当的措辞来打动她，但只要他能展现出勇气和真实的价值观，他仍然在朝着正确方向前进。然而，在他所处的情境中，亚历克斯没有遵循自己价值观所指引的道路，而是偏离到了一个毫无目标的轨迹。

他表现得好像他生命中最重要的事情——他最看重的事情——就是他永远不会在谈话中造成尴尬的沉默，就是他永远不会说那些别人可能觉得很奇怪的话。他的首要价值观是安全，避免负面评价。如果没有比保持安全更高的价值观，他必然会重复他自己的连锁反应，而且总会以逃避告终。

下一个练习将帮助你更详细地检验你的目标和价值观。

目标和价值观

- 首先想一个你一直在回避的场景。在那个场景下你的目标是什么？例如，交朋友、在课堂上回答问题、在自助餐厅吃饭、参加聚会或表演。

- 你真正的价值观是什么？在那个场景下，你内心想要表达什么？为了帮助你回答这个问题，请看第 57 页列出的品质。

目标会随着时间的推移而改变，但价值观将始终作为你人生中可靠的指南针。北方象征着你的价值观，南方代表了安全和逃避。只要你追随真正的"北方"——你心中最看重的品质——那么没有什么合理的目标是无法实现的。

在下一章中，你将学习即使在思维严重歪曲的情况下，如何坚持以价值观为导向的道路。

CHAPTER 7

我在想些什么？检验自己想法的两种方式

如果我们的想法决定着我们的感受，而我们的感受指导着我们的行为，那么我们的想法——作为连锁反应上的第一环，在我们的生活中起着相当重要的作用。我们的成功和幸福都建立在这些想法之上，然而，就像我们在"灾难化歪曲"那一章中所学到的，我们的想法，尤其是在诱发性社交情境中突然出现的自动化想法，是不可靠且容易被误解的。

下面，我们一起来看看关于这种情况的三种不同的想法是如何引发三种不同的感受和行为的。

你可能很想知道，"那么我怎么知道哪个想法是正确的呢？"这是个好问题，答案是你永远无法确定你的想法是否准确，尤其是当你在思

考别人在想什么的时候！但你可以认真审视，弄清楚导致自己感受和行为产生的自动化想法是迈向目标的重要第一步。

检验自动化想法

有两种方法来检验想法。第一种方法是事实核查，如果你发现了任何灾难化歪曲，你的想法就不可信了；第二种方法是检查这个想法最终会引导你做些什么，按照那个想法去行事会使你朝向还是远离你的目标和价值观？

让我们来评估一下布兰迪的前两个想法的可靠性，看看每一个想法引发的整个想法—感受—行为连锁反应。它们被歪曲了吗？它们使她回避情境还是朝向目标呢？朝向安全还是更重要的个人价值观呢？

自动化想法	歪曲	感受	行为	方向 （回避或目标、价值观）
"她不喜欢我。"	读心术 灾难化	尴尬 羞愧	消除疑虑前不会给她发消息	回避
"这太没礼貌了。"	贴标签 忽视积极经验	愤怒 羞辱 失望	与朋友断交	回避
"她可能在忙。"			晚点儿再给她发消息	目标、价值观

以上三个想法中，第三个想法是唯一一个没有歪曲的想法。这也促使布兰迪在消息未得到回复的情况下，不去评判朋友的想法。如果布兰

迪的目标是维持与朋友的关系,而且她重视忠诚和信任,那么第三个想法就通过了检验。

这是克里斯的自动化想法,他正在查看社交媒体上对他的帖子的回复,然而他的运气不大好。请跟随下表来看看不同的想法是如何让克里斯走向不同的方向的。

自动化想法	歪曲	感受	行为	方向 (回避或目标、价值观)
"大家不喜欢我。"	读心术 灾难化	伤心 失望	停止发帖	回避
"他们觉得我的帖子很奇怪。"	贴标签 读心术	尴尬 羞愧 心跳加快	停止发帖 ** 删除或重写帖子	回避
"或许,如果我回复了其他人的帖子,他们就能给我更多的回复。"			继续发帖	目标、价值观

这三个想法中,只有第三个想法能让克里斯实现他在社交媒体上建立联系的目标,以及他最看重的个人价值观——真诚。这个想法也通过了事实核查的检验,人们确实更有可能去联系那些先联系过他们的人。

** 删除和重写帖子被称为安全行为,是一种微妙的回避形式。你会在第 11 章学到更多关于安全行为的知识。

露西娅认为自己是一个无聊的健谈者，让我们和她一起做这个练习吧。

自动化想法	歪曲	感受	行为	方向 （回避或目标、价值观）
"我没什么要说的。"	社交完美主义	不自在	不说话	回避
"他们注意到我有多沉默了。"	读心术 聚光灯效应	尴尬	等着别人和她说话	回避
"他们觉得我很奇怪。"	贴标签 灾难化	羞愧	彻底退出	回避

- 露西娅从谈话中退出了，这一事实告诉我们驱动她这一行为的想法是什么呢？

    _____
    _____

- 你能为露西娅想出一个能通过事实核查和价值观检验的想法吗？

    _____
    _____

还记得贝拉吗？那个向一群人介绍自己的女孩。让我们来分析一下她的情况。

自动化想法	歪曲	感受	行为	方向 (回避或目标、价值观)
"当我说话时，脸会变红、声音会沙哑。"	聚光灯效应 灾难化 社交完美主义	焦虑 尴尬	头压得更低 少说话以避免 被看到或听到	回避
"大家都会看到我有多焦虑。"	聚光灯效应 社交完美主义	羞愧	头压得更低 少说话以避免 被看到或听到	回避

● 你能为贝拉想出一个在这种情况下能通过事实核查和价值观检验的想法吗？

想想让你感到焦虑的情境。如果你需要灵感，回到你在第 32 页填写的连锁反应。下一个练习将帮助你检验你的自动化想法。

自动化想法检验

情境	
自动化想法	
歪曲	☐ **灾难化**（假设最糟糕的结果） ☐ **忽视积极经验**（只看到事物消极的一面） ☐ **贴标签**（给自己贴上负面标签） ☐ **聚光灯效应**（认为大家都在看着自己或自己的内心感受会表现出来） ☐ **读心术**（猜测别人正在想的或将会想的） ☐ **消极比较**（把自己与受欢迎的或成功的人进行比较） ☐ **社交完美主义**（具有不能犯错的信念）
感受	
行为	
方向 （回避或目标、价值观）	

你做得不错！我们再来做几个。

情境	
自动化想法	
歪曲	☐ **灾难化**（假设最糟糕的结果） ☐ **忽视积极经验**（只看到事物消极的一面） ☐ **贴标签**（给自己贴上负面标签） ☐ **聚光灯效应**（认为大家都在看着自己或自己的内心感受会表现出来） ☐ **读心术**（猜测别人正在想的或将会想的） ☐ **消极比较**（把自己与受欢迎的或成功的人进行比较） ☐ **社交完美主义**（具有不能犯错的信念）
感受	
行为	
方向 （回避或目标、价值观）	

情境	
自动化想法	
歪曲	☐ **灾难化**（假设最糟糕的结果） ☐ **忽视积极经验**（只看到事物消极的一面） ☐ **贴标签**（给自己贴上负面标签） ☐ **聚光灯效应**（认为大家都在看着自己或自己的内心感受会表现出来） ☐ **读心术**（猜测别人正在想的或将会想的） ☐ **消极比较**（把自己与受欢迎的或成功的人进行比较） ☐ **社交完美主义**（具有不能犯错的信念）
感受	
行为	
方向 （回避或目标、价值观）	

现在你可能会想："好吧，我明白了。我的自动化想法是歪曲的，它们让我做一些不利于实现目标和价值观的事情。但我无法阻止它们，我做不到完全不去想它们！"

你无法阻止自己产生自动化想法。它们是自动的。但你可以利用其他的思考方式。下一章将向你展示如何去做。

CHAPTER 8

与你的想法对话：训练大脑去接受并应对挑战

现在我们试着不要在脑海里想象有一根香蕉，不一定是香蕉——它可以是任何一个词——但为了讨论，让我们用"香蕉"来试试。在接下来的 30 秒里，不要想香蕉。1…2…3…4…27…28…29…30。

你成功了吗？可能没有。试图把想法从我们的头脑中赶走的方法也许并不能摆脱它们。事实上，这会让情况变得更糟。我们能做的就是质疑它们。

质疑问题

质疑我们的想法是改变想法的第一步。作为一个具有社交焦虑的青少年，你会有很多歪曲的想法需要质疑。当某个想法的出现会阻碍你实现目标以及违背价值观时，用一个具有挑战性的问题来解决它。

当吉内尔出现时，亚历克斯可能会问自己什么样的质疑问题？

亚历克斯的自动化想法：我不知道说些什么。

歪曲：社交完美主义

质疑问题：仅仅微笑和打招呼就可以吗？我确定自己没什么要说的吗？

亚历克斯的自动化想法：吉内尔会觉得我很奇怪。

歪曲：贴标签

质疑问题：不说些聪明话就等于怪异吗？

这个想法还有其他问题，所以我们再来一次。

亚历克斯的自动化想法：吉内尔会觉得我很奇怪。

歪曲：读心术

质疑问题：我能确定吉内尔的想法吗？

自动化想法：如果我在她面前出丑，她会跟她所有朋友说我有多奇怪，然后整个学校都会认为我很奇怪。

歪曲：灾难化

质疑问题：哪种情况更有可能发生？我如何应对呢？

经历过后……

亚历克斯的自动化想法：她几乎不认识我。她能做的就是跟我说"嗨"。

歪曲：忽视积极经验

质疑问题：我做过什么还不错的事吗？

应对想法

质疑问题不是假设，它们应该有一个答案。质疑问题的答案将成为你的应对想法。让我们看看亚历克斯有什么应对的想法。

亚历克斯的质疑问题：我只是微笑并打下招呼就可以了吗？我确定我没什么要说的吗？

他的应对想法：我也许能想到说点什么了。我非常确定我能微笑着打下招呼，这就够了。

亚历克斯的质疑问题：不说点聪明话就等于奇怪吗？

他的应对想法：当别人不知道该说什么时，我不认为他们很奇怪。吉内尔可能也不觉得我奇怪。

亚历克斯的质疑问题：哪种情况更有可能发生？我怎样应对呢？

他的应对想法：不太可能整个学校都会知道我和吉内尔聊过天。更有可能的是她连看都不看我一眼。她可能表现得粗鲁傲慢。如果发生这种情况，我可以和朋友谈谈，至少我知道我们性格不合适。

经历过后……

亚历克斯的质疑问题：我做过什么还不错的事吗？

他的应对想法：我很自信。我径直走向她，跟她打了个招呼。我向自己证明了我比自己想象的要勇敢。现在她知道了我的存在，我也有机会进一步了解她。

现在轮到你为自己产生焦虑的场景提出质疑问题和应对想法了。

提出质疑问题和应对想法

根据你的焦虑想法填写下面的表格。请使用这些质疑问题：

- 灾难化：更有可能发生什么？我如何应对呢？

- 忽略积极经验：我做过什么可以接受的事？

- 贴标签：这个词在任何情况下都一直适用于我吗？

- 聚光灯效应：除了我之外，大家还可能关注什么？人们真的那么关心我在做什么吗？

- 读心术：我有什么证据证明这就是别人的想法？

- 消极比较：我是不是在用让自己感觉更糟的方式和别人进行比较？

- 社交完美主义：我要求自己是不是比要求别人更多？

焦虑的想法	
歪曲	
质疑问题	☐ **灾难化**（假设最糟糕的结果） ☐ **忽视积极经验**（只看到事物消极的一面） ☐ **贴标签**（给自己贴上负面标签） ☐ **聚光灯效应**（认为大家都在看着自己或自己的内心感受会表现出来） ☐ **读心术**（猜测别人正在想的或将会想的） ☐ **消极比较**（把自己与受欢迎的或成功的人进行比较） ☐ **社交完美主义**（具有不能犯错的信念）
应对想法	

找到一种替代方法来代替你长期以来一直使用的自动化想法，是克服社交焦虑的基本方法。应对想法会帮助你面对一直在逃避的情况，并朝着你的目标和价值观迈进。每当你选择按照应对想法而非焦虑的自动化想法行事时，都有助于你建立一条新的想法—感受—行为连锁反应。

对被评判和拒绝的威胁有一个现实的认知是件好事。但是当你开始朝着你想要的生活前进时，你总会有可能被评判和拒绝。在下一章中，你将学习应对这些问题所需的工具。

CHAPTER 9

解救！应对批评——真实的、想象的和自我造成的

在任何社交互动中,都存在被评判或批评的可能性。每个人都会遇到这种情况,无论是现实中还是在社交媒体上,后者带来的评论可能会更冲动、更公开。此外,获得比别人更少的点赞也会让人感觉像是一种批评。

但正如我们所了解的那样,社交焦虑的青少年高估了批评所带来的威胁,他们担心自己被排挤、被"驱逐"出社交圈,所以他们会避免可能引发批评的场景。这也导致他们在面临批评时,无法学习到应对的办法。然而,如果我们想要与他人建立联结,无论是在网上还是现实中,我们都需要具备处理偶尔出现的批评的能力。

我所说的"应对"是什么意思？应对是"忍受"还是"遭受"的意思？不，应对不是一种被动的行为，而是一种积极主动的行为。这意味着要坚定自信、坚持自己、拯救自己。本章将教你如何做到这一点。

应对技巧需要一些练习才能掌握，但我们不能等到有人批评你时才开始练习。真正的批评，即有人确实对你说了一些负面的话，是我们面临的最罕见的批评类型。更常见的是你在自己头脑中经历的批评。由于无法确切知道别人在想什么，社交焦虑的青少年会想象最坏的情况，即其他人正在以批判的眼光观察他们所做的一切。更糟糕的是，在社交互动结束很久之后，社交焦虑的青少年还会不断地批评自己，一遍又一遍地复盘自己的言行，因自己的错误而自责。

幸运的是，你可以学习如何应对三种类型的批评：真实的批评、想象的批评和强加给自己的批评。以下练习将向你展示具体方法。在你尝试之前，让我们与露西娅和布兰迪一起来演练一下。

露西娅

露西娅希望她和别人聊天时，能听起来有趣又聪明——社交完美主义。她经常回避交谈，因为担心别人觉得她很无聊。当她鼓起勇气和某人交谈后，她又会担心对方可能对她感到厌倦，不想和她做朋友。为了自信地加入谈话，露西娅希望自己能应对别人的批评。但是因为她想不出什么时候有人真的说她很无聊，所以在这个练习中，她用了一个她想象自己被批评的场景——读心术。

露西娅因为在英语课上试图与萨拉开始交谈而自责。露西娅问萨拉是否已经完成了周五的读书报告，萨拉回答"嗯"，就没有再说什么了。露西娅以为萨拉没有继续谈话是因为她觉得露西娅很无聊。

示范：露西娅应对批评的练习

1. 首先，露西娅设想了一个她曾经或可能受到批评的场景——在这个场景中，她想象萨拉认为自己很无聊。

场景： 在课堂上询问萨拉读书报告的事。

2. 接下来，她写下了她想象的萨拉产生的最糟糕的想法。

批评： 我不知道你为什么问我读书报告的事，你难道没有什么有趣的事情要说吗？

3. 露西娅需要想出一个坚定的回应。她不需要让萨拉相信她并不无聊。"坚定"意味着坚持自己的立场，而不是变得有防御性或攻击性。

坚定的回应：这可能不是你最感兴趣的话题，但这是我能想到的全部。我只是想表现得友好并了解你。

4. 这是一个不错的开始。现在，露西娅想象萨拉为了回应她可能会想到或说出的最糟糕的话。

新的批评：好吧，我不想和那些问我无聊、愚蠢问题的人成为朋友。

5. 露西娅再次坚定地回应。

坚定的回应：你有权发表你的意见。我觉得问无聊的问题比什么都不说要好。

6. 露西娅再次想象萨拉对她的反应：可能想到或说的最糟糕的话。

新的批评：你很无聊，而且我不想成为你的朋友。

7. 露西娅又一次坚定地回应。

坚定的回应：好吧。如果你这么想，我就不想成为你的朋友了。但我仍然为自己的友好感到骄傲。

做完练习后，露西娅对萨拉那天可能对她的评判不再感到那么焦虑了。露西娅意识到，如果萨拉真的那么爱评头论足，她就不会想要把萨拉当朋友。她不再因为自己发起的交谈而自责，而开始因为自己的勇敢而感到自豪，并朝着与他人建立联结的价值观和结交新朋友的目标迈进。

她从歪曲思维转向积极应对。现在，对未来那些别人可能进行负面评判的交谈，露西娅更有信心了。

布兰迪

现在让我们和布兰迪一起来做这个练习。她在社交平台上分享了一张自拍照，就像她担心的那样，有人——她的朋友珍妮，进行了刻薄的评论。让我们看看布兰迪在这个应对练习中是如何做的。

示范：布兰迪应对批评的练习

1. 首先，布兰迪写下对场景的描述。

场景： 发布了一张自拍照，然后收到了珍妮刻薄的评论。

2. 接下来，她写下了对方所说的批评内容。

批评： "发型糟糕的一天？？？"

3. 布兰迪需要想出一个坚定的回应。她不需要让珍妮相信她的照片很好。"坚定"意味着坚持自己的立场，而不是变得有防御性或攻击性。

坚定的回应： 我觉得这张照片中我的头发看起来不错。

4. 接下来，布兰迪想象了珍妮可能会对她的回答说的最糟糕的话。

新的批评： 发型看起来很乱。

5. 布兰迪再次坚定地回应。

坚定的回应： 这就是我的风格。我喜欢看起来随性。

6. 布兰迪再次想象珍妮对她的反应可能想到或说的最糟糕的话。

新的批评： 嗯，那样看起来不太好。

7. 布兰迪又一次坚定地回应。

坚定的回应： 即使你不喜欢，我还是喜欢这款发型。

明白了吗？现在轮到你了。想象一下你担心自己可能会受到某人评判或批评的社交场景。或者，像布兰迪一样，你可以选择一个已经发生过的他人评论你的场景。

虽然你可以完全在头脑中做这个练习，但如果你把对话写下来，练习效果会更好。然后你可以找人来扮演批评者的角色，或者，因为我们通常是自己最糟糕的批评者，所以你也可以轻松地在交谈中扮演这两个角色。

应对批评的练习

- 引发焦虑的社交场景：
  _____
  _____
  _____

- 你担心别人会怎么想或者怎么说你？
  _____
  _____
  _____

- 如果某人说了或做了一些批评你的事情，怎样才算是坚定自信地回应？

- 想象一下批评仍然存在，他们会说些什么？

- 想出另一个你可以做出的坚定回应。

- 批评者会说些什么？

- 你该如何继续坚持自己的立场？

你在纸上练习应对技巧的次数越多,你就越能在需要坚定的时候坚持自己的立场。记住,当批评发生在你身上时,无论是真实的还是你想象的批评,你总是有选择的。你可以自责,也可以为自己感到自豪。你会怎么做?

记住这一点,继续往下看!在下一章中,你将学习用最好的方法来练习应用前面学到的内容。

CHAPTER 10

搭建梯子：从回避到行动

再来看看我们的朋友亚历克斯。他在定义自己的价值观方面做得不错，而且他也明白回避害怕的情境会让他离自己想要的东西更远。他发现了导致他焦虑情绪和回避行为的自动化想法，也检查了这些歪曲的想法、提出了疑问，并有了应对思维。那他现在应该没事了吧？如果一直在做本书中的练习，他的回避行为以及你的回避行为是不是应该消失了？

不要着急。应对思维不会这么轻易地就能取代你歪曲的焦虑思维。就像吸血鬼一样,除非暴露在阳光下,否则这些想法将永远存在。为了真正改变我们的思维方式,我们需要置身于一直在回避的社交情境中,在那里来自他人的负面评价会真实存在,而我们可以练习如何应对。对亚历克斯来说,为了重获自信,他必须与吉内尔进行交谈,将逃避的场景转变为主动曝光的场景。

曝光想法的练习

花点时间选择一个你要转变为曝光情境的场景。给下表中每种场景的恐惧程度打分,并根据你的目标和价值观给每种场景的重要程度打分。如果你还有其他想要转变的场景,写在表格最下方。

回避场景	恐惧程度 1~10 1= 不太害怕 10= 非常害怕	重要程度 1~10 1= 不太重要 10= 非常重要
开始或加入交谈		
在课堂上回答问题		
邀请朋友聚会		
参加考试		

续表

回避场景	恐惧程度 1~10 1= 不太害怕 10= 非常害怕	重要程度 1~10 1= 不太重要 10= 非常重要
给不熟悉的人发消息		
进入已有他人就座的房间		
在白板或黑板上写字		
在社交媒体上发布评论或照片		
与一群同龄人合作		
上体育课		
撰写社交媒体上的个人简介		
在教室外走廊溜达		
向老师提问或求助		
回复别人发给你的消息		
使用公共卫浴		
在别人面前吃东西		
在别人面前写东西		
接电话或打电话		
当众表演		
在全班同学面前做报告或大声朗读		
与成年人交谈（例如，店员、服务员或校长）		
与新来的人或不熟悉的人交谈		
参加聚会、舞会或学校大型活动		
拍照		

既然已经确定了哪些你一直在回避的场景是重要的，那就选择其中一种场景开始练习吧。这一场景应该能反映你的价值观，你将会把这种回避场景变成一种曝光场景。

别担心，没人会强行把你推到高台上进行跳水。你将自己搭建通往顶峰的梯子，你可以按照自己的节奏进行攀登。

曝光梯

为了更好地了解曝光梯是如何运转的，让我们看看亚历克斯为他自己搭建的梯子。他的目标是与吉内尔出去约会，他给约会的恐惧程度打了 10 分。让自己面对这种程度的尴尬场景似乎是一个不可能完成的目标，这当然不是他一次就能做到的事情。亚历克斯把与吉内尔出去约会的目标放在了阶梯的最上面，后面还有几层更矮的、不那么可怕的通往顶端的阶梯。

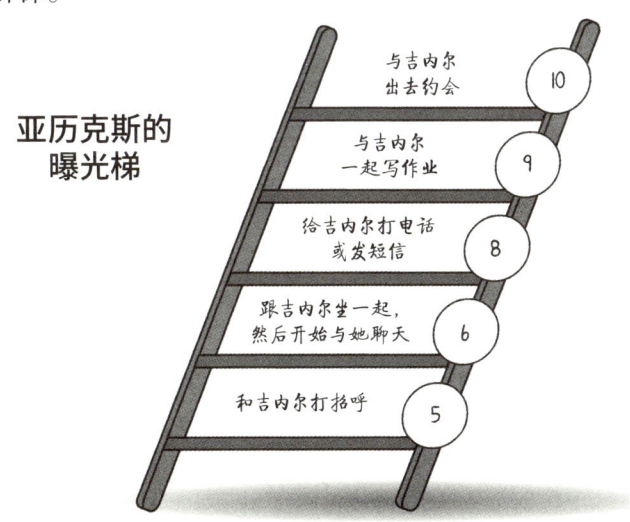

亚历克斯的曝光梯

以下是几个针对常见的回避/曝光场景搭建的梯子示例。对于不同的人来说，梯级的顺序可能会有所不同。在圆圈中填写从 1 到 10 的数字来评价你每次面对该场景的恐惧程度。

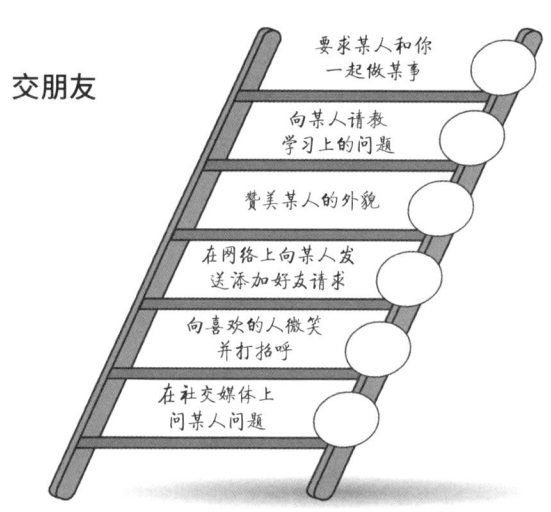

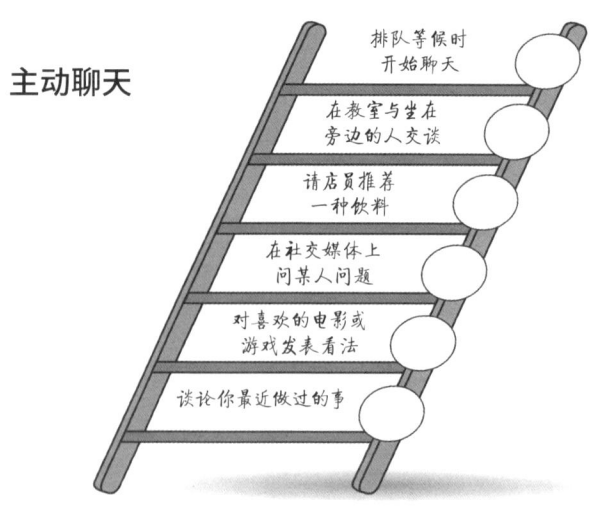

约会

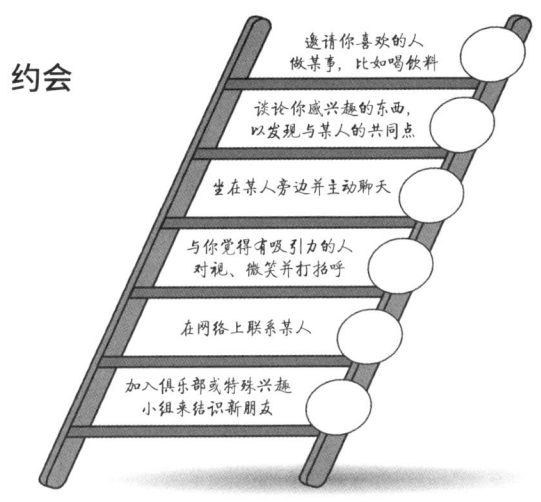

在课堂上
发言

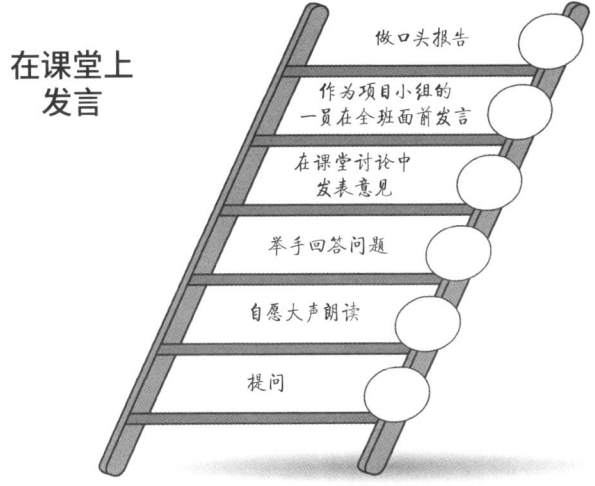

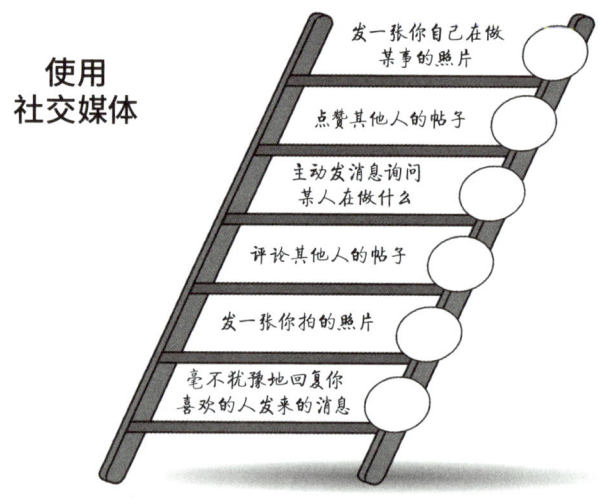

下一个练习将帮助你搭建你自己的梯子。

搭建曝光梯的练习

现在你需要搭建自己的梯子了。首先把对你来说最重要的回避的场景写在最上面的梯级上。在最下面的梯级上,写下你能想到的可以朝着那个方向前进的最不害怕的场景。例如,如果你的最高梯级是在课堂上做报告,那么你的最低梯级可能是给朋友讲笑话。**逐一填写你的梯级,这样每次曝光都建立在之前的基础上。**

把你的曝光梯放在手边,下一章你会用到它,在下一章你将学习如何从搭建梯子到真正攀登它!

CHAPTER 11

绘制成功表：准备和评估曝光

你搭建好曝光梯了吗？太棒了——做得不错！你差不多可以开始攀登了。

很有可能，你并没有抓住第一次曝光的机会，你过去可能尝试过类似的事情并留有遗憾。但这一次，你将有一个全新的策略和更准确的方法来评估你的结果。你将拥有强大的支持工具来帮你执行该策略和完成评估。这个工具叫作曝光表。

曝光表

曝光表由两部分组成。第一部分是曝光前，它体现了社交完美主义者的思维方式，而这一方式导致了过去对这种情景的回避，同时，曝光前的表格帮助你制订出前进的新策略。你可能听过这样一句谚语："成功是90%的准备加上10%的汗水。"这对你成功克服社交焦虑尤其适用。你对曝光越焦虑，这张表就越重要。

曝光表的第二部分是曝光后。在完成曝光后填写这个表可帮助你评估自己的表现。你很可能会比你想象的做得更好，这将帮助你形成对自己的正确认知。

为了了解填写曝光表是如何帮助你掌控社交情境的，让我们跟随亚历克斯一起，了解他是如何制订向吉内尔介绍他自己的策略的。

曝光前的准备

亚历克斯首先给他选择要"曝光"的情景命名，这是他梯子上的最低一级。在第二栏中，他写下了他的完美主义目标，即以往他在吉内尔身边时他对自己的不切实际的期望。社交完美主义不允许出错或发生意外，如果亚历克斯尝试这种"曝光"，那么他必须保持冷静和自信才能成功，否则他注定会失败。

接下来是亚历克斯的"焦虑预期"——当他接近吉内尔时，他害怕会发生的（以及感觉可能会发生的）。下一栏罗列了我们学习过的7种歪曲思维，亚历克斯的焦虑预期建立在其中一种或多种的基础上，亚历克斯勾选了 4 个选项。

示例：亚历克斯的曝光前表格，A 部分

曝光	你面临的可怕情景是什么？ *和吉内尔打招呼*
完美主义目标	你认为在这个情景中你应该如何表现？ *冷静且自信*
焦虑预期	你害怕会发生什么？ *我会显得很紧张。她会觉得我很奇怪*
歪曲	你的焦虑预期来源于什么样的歪曲思维？ ☐ **灾难化**（假设最糟糕的结果） ☑ **忽视积极经验**（只看到事物消极的一面） ☑ **贴标签**（给自己贴上负面标签） ☐ **聚光灯效应**（认为大家都在看着自己或自己的内心感受会表现出来） ☑ **读心术**（猜测别人正在想的或将会想的） ☐ **消极比较**（把自己与受欢迎的或成功的人进行比较） ☑ **社交完美主义**（具有不能犯错的信念）
安全行为	你一般会做什么来防止你的焦虑预期发生？

亚历克斯差不多完成了曝光前表格的第一部分。但还有一个他必须回答的更重要的问题：以前，每当亚历克斯与吉内尔走得很近时，他会做些什么来避免自己看起来很紧张以及受到她的评判？

亚历克斯不得不思考这个问题。他记得去年在课堂上曾坐在吉内尔旁边。当时她和教室里的其他同学正在进行测验，他甚至在讨论测验时对她说了几句话，但在他开口之前，他在心里排练了自己要说的话，以免听起来很蠢。他并没有直视吉内尔，他只谈论测验，不谈论任何私人的事情。当他排练完台词，谈话变得自然而然的时候，亚历克斯愣住了。他的眼睛盯着地板，直到人群散去，然后他觉得这场危机结束了。

亚历克斯所做的被称为"**安全行为**"，这是另一种更微妙的回避方式。安全行为是我们为了规避恐惧事件而采取的措施，就像带着浮板游泳以防止溺水一样。你虽然的确在水中，但你并没有真的在游泳。带着浮板可以帮助你获得对浮板的信心，而不是对自己游泳水平的信心。

以下是一些安全行为的例子：

- 给朋友打电话，但先想好要说的话
- 参加聚会，但不主动交谈
- 约某人出去，但他不是你真正感兴趣的人
- 重新编辑消息、帖子或评论以使其恰到好处
- 去学校，但避免直视别人的眼睛
- 只与不会让你害怕的人交谈
- 坐在教室后面，这样别人就看不到你

- 在社交聚会上只喝饮料不交谈
- 从不在餐厅点那些你担心会念错名的食物
- 花很长时间拍一张合适的照片以便在社交媒体上分享

亚历克斯从过去的经验中知道，当他和自己喜欢的女孩在一起时，他会避免目光接触，也不会说任何他事先没有在脑海中排练过的话。如果他现在对吉内尔这样做，他就无法面对自己所害怕的事情——他的焦虑预期。写下他过去采取过的安全行为将会帮助他记住不该做什么。

安全行为	你一般会做什么来防止你的焦虑预期发生？ *避免目光接触，排练要说的话*

此时，亚历克斯已经说明了他回避吉内尔所使用的策略。在表的第二部分，亚历克斯会介绍有助于他与吉内尔打招呼的新策略。在第一栏中，亚历克斯要为自己设定现实目标，来取代以前的完美主义目标。这个现实目标应该是非常明确的，而且是能够完成的，即便在实现这个目标时亚历克斯可能看起来会很紧张。（注意：现实目标中不允许出现安全行为！）如果亚历克斯能走到吉内尔面前并跟她打招呼，无论她如何反应或回应，亚历克斯都会得到 A+。

这可能会引发歪曲思维和严重的焦虑，那我们就来到下一栏——亚历克斯的"应对思维"。应对思维是挑战我们的歪曲思维和坚定自己立场的结合体。亚历克斯的应对思维将帮助他有勇气继续朝着目标前进，即向吉内尔打招呼。

最后，亚历克斯必须回答一个对他至关重要的问题：是什么价值观驱使我朝这个方向前进？当事情变得艰难时，他需要在心里准备好这个问题的答案，这是确保他保持在正确方向上的指南针。

示例：亚历克斯的曝光前表格，B 部分

现实目标	即使感到焦虑，你能做些什么呢？ 微笑、看着她的眼睛、试图开始聊天
应对思维	当感到最焦虑的时候，你可以提醒自己什么？ 我只是表示友好。如果她对我做出负面评价，我可以应对。 她甚至可能不是我心中想象的那个女孩
价值观	是什么促使你朝这个方向前进？ 成长　(联结)　诚实　(自我表达) 有趣　真诚　自发性　承担风险 冒险　创造性　独立　(勇敢)

这样就完成了表格的第一部分内容。亚历克斯现在已经为曝光做了充分的准备。

进行曝光

不出所料，随着他选择接近吉内尔的那一刻越来越近，亚历克斯的焦虑感越来越强烈。他的心跳越来越快，脸越来越热，肌肉变得紧绷，双手也在颤抖。他在内心告诉自己要停止这次曝光，因为他不会对吉内尔说什么，而且吉内尔会觉得他是个白痴。他想，吉内尔很明显能看出他有多紧张，并且认为他软弱且奇怪。如果他现在听从自己的想法，他就会把头埋进储物柜里。

如果亚历克斯要经历这次曝光，他就必须带着以前的焦虑想法来做这件事，多年来每当有女孩在周围时，这些想法就会一直在他的脑海中出现。他厌倦了那种声音，它一响起，就会让他感到焦虑，而当他感到焦虑时，他就会远离他的目标和价值观。

最重要的是，亚历克斯必须决定跟着哪种鼓点起舞——是目标和价值观的鼓点还是焦虑的鼓点。

如果他把注意力集中在自动化想法和焦虑感上，他就不会朝着自己的价值观前进。就像在生活中，以及体育赛事中一样，我们想要通过获得获奖来获胜一样。

曝光后的评估

真尴尬！亚历克斯既高兴又松了口气。我们可能会想，这值得吗？吉内尔没有灿烂的笑容，也没有当场就认出亚历克斯。她甚至不记得他的名字。亚历克斯现在不太确定她对他的看法，她甚至可能在嘲笑他。亚历克斯如果只是回避所有这些准备和痛苦会更好吗？

在任何社交互动之后，尤其是在经历像亚历克斯这样的曝光之后，害羞的人常常会对自己产生怀疑，纠结于自己可能做错了什么。诸如"我应该说……"和"为什么我不……？"之类的想法，会在他们的脑海中重复出现。重演他们应该做的事情更是完美主义者的思维方式。没有人能达到这个标准，如果亚历克斯用这些标准来评估他的经历，他会觉得自己是个失败者，然后又开始回避吉内尔。

亚历克斯问自己最重要的事情是"我达到现实目标了吗？"以及"我朝着自己的价值观迈进了吗？"。这两个问题的答案都是肯定的。为了帮助他欣赏自己所取得的成就并打断他的"将要、应该、可以"的想法，亚历克斯填写了曝光后表格。

示例：亚历克斯的曝光后表格

我达到现实目标了吗？怎样达到的？	是的。我走到吉内尔面前，微笑着向她打招呼
我使用安全行为了吗？我做了什么呢？	没有。我说话很清楚而且直视着她的眼睛
我是如何迈向我的价值观的？	我很友好且忠于自己
实际结果是什么呢？	吉内尔现在知道了我的名字。她知道我很友好，也知道我对她有兴趣
我学到了什么？	我打了个招呼，结果并没有我想象的那么糟，也没有我希望的那么好。不过还好，我很高兴我做到了

亚历克斯现在就像踏入水深没过脚踝的泳池里。这看似是一小步，却是重要的一步，而且肯定比只是在甲板上热切地看着要好得多。下次他们相遇时，吉内尔可能记得他，也可能不记得他，但如果他继续使用他的价值观指南针，他能更好地了解她。他可能会成为她的朋友，或者他可能发现吉内尔不是他真正喜欢的类型，转而去追求其他女孩。不管怎样，亚历克斯的世界正在开放。这个世界不会是完美的。亚历克斯肯定会犯错误，他可能会不得不忍受很多焦虑的想法和感受，但他现在生活在一个更大更有趣的世界。你的世界也可以扩大。你准备好做对自己有重要意义的事情，并朝着自己的价值观迈进了吗？

下一页为你准备了空白的曝光前和曝光后表格。从你最不害怕的场景开始，最好是恐惧程度小于 5 的场景。记住，即使这是你梯子上的最低一级，也应该像对待最高一级一样认真对待它。仔细思考表格中的每一栏，就像梯子一样，表格中的每一步都能帮助你为下一步做好准备。

完成曝光前部分后，给自己定一个日期和时间，然后进行曝光。不要让"猴子脑"的喋喋不休分散你的注意力，并且不要忘记跟进你的曝光后表格！

曝光前表格，A 部分

曝光	你面临的可怕情景是什么？
完美主义目标	你认为在这个情景中你应该如何表现？
焦虑预期	你害怕会发生什么？
歪曲	你的焦虑预期来源于什么样的歪曲思维？ ☐ **灾难化**（假设最糟糕的结果） ☐ **忽视积极经验**（只看到事物消极的一面） ☐ **贴标签**（给自己贴上负面标签） ☐ **聚光灯效应**（认为大家都在看着自己或自己的内心感受会表现出来） ☐ **读心术**（猜测别人正在想的或将会想的） ☐ **消极比较**（把自己与受欢迎的或成功的人进行比较） ☐ **社交完美主义**（具有不能犯错的信念）
安全行为	你一般会做什么来防止你的焦虑预期发生？

曝光前表格，B 部分

现实目标	即使感到焦虑，你能做些什么呢？

应对思维	当感到最焦虑的时候，你可以提醒自己什么？
价值观	是什么促使你朝这个方向前进？ 成长　　联结　　诚实　　自我表达 有趣　　真诚　　自发性　　承担风险 冒险　　创造性　　独立　　勇敢

曝光日期：_____　　　时间：_____

曝光后表格

我达到现实目标了吗？怎样达到的？	
我使用安全行为了吗？我做了什么呢？	
我是如何迈向我的价值观的？	
实际结果是什么呢？	
我学到了什么？	

在完成第一次曝光之前，请勿继续阅读这本自助手册。在下一章，我们将向你展示梯子上的每一步是如何使下一步成为可能的！

CHAPTER 12

贝拉的阶梯:曝光、曝光、曝光

既然你已经开始进行曝光，你就走上了一条崭新的道路，朝着一个不熟悉的方向前进。你需要经常查看你的价值观指南针。每一个弯道都会有新的、更具挑战性的情况，还有诱人的回避弯道，而这些弯道可能会平息你的恐惧。为了继续前进并实现目标，你需要一遍又一遍地重复曝光过程。好消息是，如果方法得当，每次曝光都能提高洞察力、树立信心，使你有可能按照自己的价值观生活。

贝拉

为了帮助你理解反复曝光是如何让你在改变自我的道路上前进的,让我们跟随贝拉的脚步,看她是如何前进的。贝拉从第三章的回避场景清单中选择了这个场景:人们会看到她脸红。这种回避对她来说是一个问题,因为它已经妨碍了她在课堂上回答问题或提问、与朋友交谈以及找工作。这些事都符合她的价值观,即更多地分享自己、让别人了解自己、去上大学(她需要上课以取得更好的成绩)和更加独立。

贝拉决定参加暑假工作的面试,这代表了她想要独立的价值观,这将会是一个伟大的目标。因为这也是她能想到的最可怕的事,所以她把它放在梯子的顶端。然后,她沿着阶梯向下,列出她为了实现目标能做到的、越来越不可怕的曝光情景。

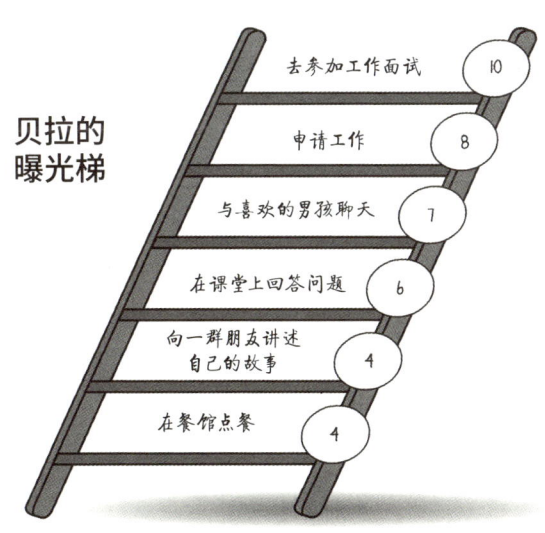

贝拉的曝光梯

- 去参加工作面试 10
- 申请工作 8
- 与喜欢的男孩聊天 7
- 在课堂上回答问题 6
- 向一群朋友讲述自己的故事 4
- 在餐馆点餐 4

由于她没钱去餐厅吃饭——这是她梯子上的最低一级，贝拉决定从向一群朋友讲述自己的故事开始。上周末她考驾照时发生了一些有趣的事情。在网络上讲述这个故事很容易，但和朋友面对面讲这个故事会让她感到焦虑。她知道她会脸红，而她的朋友们会知道她有多焦虑，并对此大惊小怪。

贝拉很确定自己的焦虑想法是对的，但她一直很想把这个故事告诉别人，所以她问自己："如果这些事情发生了，我该怎么办？"为了帮助自己回答这个问题，她完成了一张曝光前表格。

示例：贝拉的曝光前表格，A 部分

曝光	你面临的可怕情景是什么？ 面对面给朋友们讲一个有趣的故事
焦虑预期	你害怕会发生什么？ 每个人都会认为我很焦虑
歪曲	你的焦虑预期来源于什么样的歪曲思维？ ☐ **灾难化**（假设最糟糕的结果） ☐ **忽视积极经验**（只看到事物消极的一面） ☐ **贴标签**（给自己贴上负面标签） ☑ **聚光灯效应**（认为大家都在看着自己或自己的内心感受会表现出来） ☑ **读心术**（猜测别人正在想的或将会想的） ☐ **消极比较**（把自己与受欢迎的或成功的人进行比较） ☑ **社交完美主义**（具有不能犯错的信念）
安全行为	你一般会做什么来防止你的焦虑预期发生？ 不脸红或不表现出任何焦虑的迹象

示例：贝拉的曝光前表格，B 部分

现实目标	即使感到焦虑，你能做些什么呢？ 不停地讲故事或不采取安全行为
应对思维	当感到最焦虑的时候，你可以提醒自己什么？ 如果我感到焦虑和脸红也没关系，我无法阻止这种事发生

续表

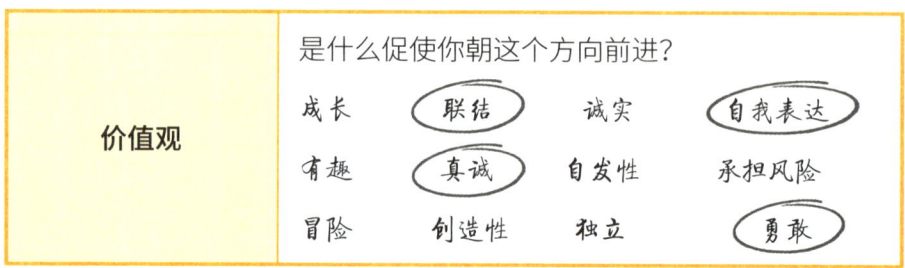

她将曝光日期定为放学后的第二天。当这一刻到来时,她有了合适的听众,尽管贝拉感到脸上发热,但她还是冲了上去。她艰难地咽了下口水,清了清嗓子,说道:"你们想听听我考驾照时发生了什么吗?"

贝拉说对了一件事,她确实脸红了。但她对朋友们的反应预测是错误的。这是她曝光后的表格。

示例：贝拉的曝光后表格

我达到现实目标了吗？怎样达到的？	是的。我讲了故事
我使用安全行为了吗？我做了什么呢？	没有。我只化了一点妆，而且一直没有用手遮脸
我是如何迈向我的价值观的？	我分享了一些个人的事情，朋友们都更了解我了
实际结果是什么呢？	我确实脸红了，他们也注意到了，但他们的反应是友好的，而不是评判性的
我学到了什么？	我的朋友们似乎接受了我脸红的事实

贝拉梯子的下一级是通过在课堂上举手回答问题来测试在一大群人面前脸红的危险性。尽管贝拉常常知道答案，但她从来没有举过手。实际上，她坐在后排，并以一定的角度避开老师的视线，以免被点名。她确信，如果她在课堂上发言，每个人都会看着她并注意到她通红的脸。她上次的曝光很顺利，但这并没有给她足够的勇气。"毕竟，"她想，"他们是我的朋友。我肯定不会从代数课上得到那种松弛感。"

示例:贝拉的曝光前表格,A 部分

曝光	你面临的可怕情景是什么? 在课堂上举手回答问题
完美主义目标	你认为在这个情景中你应该如何表现? 我不能让他们看到我很害怕
焦虑预期	你害怕会发生什么? 我会脸红,然后全班都会觉得我很可怜

续表

歪曲	你的焦虑预期来源于什么样的歪曲思维？ ☑ **灾难化**（假设最糟糕的结果） ☑ **忽视积极经验**（只看到事物消极的一面） ☑ **贴标签**（给自己贴上负面标签） ☑ **聚光灯效应**（认为大家都在看着自己或自己的内心感受会表现出来） ☑ **读心术**（猜测别人正在想的或将会想的） ☐ **消极比较**（把自己与受欢迎的或成功的人进行比较） ☑ **社交完美主义**（具有不能犯错的信念）
安全行为	你一般会做什么来防止你的焦虑预期发生？ 我低下头，拉起衣领

示例：贝拉的曝光前表格，B 部分

现实目标	即使感到焦虑，你能做些什么呢？ 举手回答问题
应对思维	当感到最焦虑的时候，你可以提醒自己什么？ 如果同学们刻薄或爱评头论足，这更多地是他们而不是我的问题
价值观	是什么促使你朝这个方向前进？ (成长)　联结　诚实　(自我表达) 有趣　真诚　自发性　承担风险 冒险　创造性　(独立)　(勇敢)

第二天数学课上,一想到要举手,贝拉的脸就涨红了。她觉得自己注定失败,但她重新检查了自己的价值观指南针,并提醒自己应该怎么做。当老师问了一个似乎没有人知道答案的问题时,贝拉缓缓举起了手。

过了几分钟,贝拉的心脏才停止狂跳,脸颊也凉了下来,但贝拉成功完成了这次曝光。她不太确定,但似乎自己的脸红对全班同学来说并没有什么影响。放学一回家她就填写了曝光后表格。

示例：贝拉的曝光后表格

我达到现实目标了吗？怎样达到的？	是的。我举手回答了问题
我使用安全行为了吗？我做了什么呢？	没有。我面对着老师，也没有用手遮脸
我是如何迈向我的价值观的？	参与课堂活动。这将帮助我取得更好的成绩，并帮助我进入大学
实际结果是什么呢？	我脸很红！但几乎没多少人看。看了的人反应也没那么糟糕
我学到了什么？	即使我脸红，也可以在课堂上回答问题

那是6月中旬，几周后学校就要放假了。贝拉知道，如果她不尽快找到工作，她可能整个夏天都会无事可做。她决定在她改变自我的道路上再前进一些，去申请一份工作。这个行动被评为8分，而贝拉对此一点也不期待。

但贝拉不想再重复以前的回避行为，这样她永远都找不到工作。为了做好准备，贝拉花时间填写了曝光前表格。

示例：贝拉的曝光前表格，A 部分

曝光	你面临的可怕情景是什么？ 在咖啡店申请工作
焦虑预期	你害怕会发生什么？ 我会脸红，然后经理会觉得我很糟糕
歪曲	你的焦虑预期来源于什么样的歪曲思维？ ☑ **灾难化**（假设最糟糕的结果） ☑ **忽视积极经验**（只看到事物消极的一面） ☑ **贴标签**（给自己贴上负面标签） ☐ **聚光灯效应**（认为大家都在看着自己或自己的内心感受会表现出来） ☑ **读心术**（猜测别人正在想的或将会想的） ☐ **消极比较**（把自己与受欢迎的或成功的人进行比较） ☑ **社交完美主义**（具有不能犯错的信念）
安全行为	你一般会做什么来防止你的焦虑预期发生？ 我不能脸红或表现出任何焦虑的迹象

示例：贝拉的曝光前表格，B 部分

现实目标	即使感到焦虑，你能做些什么呢？ 拿到申请表
应对思维	当感到最焦虑的时候，你可以提醒自己什么？ 我可以挺过几秒钟的尴尬，让自己离目标更近一些
价值观	是什么促使你朝这个方向前进？ 成长　　联结　　诚实　　自我表达 有趣　　真诚　　自发性　　承担风险 冒险　　创造性　　(独立)　　(勇敢)

填表格真的很有帮助。这给了贝拉足够清晰的思路和极大的信心，让她朝着咖啡店的方向走去。

贝拉感觉很好。在没有受到羞辱的情况下拿到申请表是一个惊喜，她所有可怕的预想都没有发生。"尽管我脸红了，但经理却没有注意到，"贝拉想，"化妆太有用了！"

哎呀！

贝拉无意间忘记了一件事。这一次，她涂了厚厚的粉底来掩盖她的脸红。如果没人看到她脸红，那她就不算是真正的曝光。

所有害羞的人都会使用巧妙或微妙的回避行为来防止自己完全曝光，比如使用大量除臭剂来隐藏出汗、含糊不清地说话以免被听到、在聚会上不主动交谈以及通过喝酒来放松自己，这些都是让自己置身安全区的技巧。这些安全行为欺骗我们，让我们误以为自己置身于这个世界，而实际上我们在逃避它。

为了让贝拉继续朝着找到工作的目标不断攀登，她将必须在不使用安全行为，即不化妆的情况下，重复这种曝光。于是，她前往该连锁咖啡店的另一家分店去申请工作。当她满脸涨红时经理看着她。贝拉感到尴尬，但经理显得很正常，并告诉她这家店是个很酷的工作场所。如果贝拉没有立即离开，他们甚至可能会聊更长时间。贝拉松了口气。

这是她填写的用于评估她的经历的表格。

示例：贝拉的曝光后表格

我达到现实目标了吗？怎样达到的？	是的。我拿到了申请表
我使用安全行为了吗？我做了什么呢？	没有。我没有化浓妆，也没有遮住脸
我是如何迈向我的价值观的？	这是迈向独立的一步
实际结果是什么呢？	我确实脸红了，但他好像没注意到。我拿到了申请表
我学到了什么？	我打了个招呼，结果并没有我想象的那么糟，脸红并不一定会妨碍我做事

填写完练习表后，贝拉填写了申请表。虽然她对未来潜在的工作很满意，但一想到要去面试就感到害怕。这是一个 10 分的项目！"我就是做不到。"贝拉想。她非常确定自己在求职面试中会发生什么。

但贝拉无法忍受整个夏天都失业且身无分文。她认为为了获得长期收益，承受一些可能的短期痛苦是值得的。她和她的朋友桑德拉约好当天早上去咖啡店面试。桑德拉在最后一刻抛出了一个重磅炸弹，她坚持让贝拉把脸上两边的头发梳开，说道："这样我们才能看清你！"

"这只是我的发型。"贝拉争辩道。然后她很快意识到躲在头发后面是一种安全行为，所以她们离开之前，她把它添加到了她的表格中。

示例：贝拉的曝光前表格，A 部分

曝光	你面临的可怕情景是什么？ 去参加工作面试
完美主义目标	你认为在这个情景中应该如何表现？ 放松且自信
焦虑预期	你害怕会发生什么？ 经理会看到我脸红，然后知道我不适合在柜台后面工作
歪曲	你的焦虑预期来源于什么样的歪曲思维？ ☑ **灾难化**（假设最糟糕的结果） ☐ **忽视积极经验**（只看到事物消极的一面） ☐ **贴标签**（给自己贴上负面标签） ☑ **聚光灯效应**（认为大家都在看着自己或自己的内心感受会表现出来） ☑ **读心术**（猜测别人正在想的或将会想的） ☐ **消极比较**（把自己与受欢迎的或成功的人进行比较） ☑ **社交完美主义**（具有不能犯错的信念）
安全行为	你一般会做什么来防止你的焦虑预期发生？ 化妆以及用头发遮住脸

示例：贝拉的曝光前表格，B 部分

现实目标	即使感到焦虑，你能做些什么呢？ 进行面试
应对思维	当感到最焦虑的时候，你可以提醒自己什么？ 最坏的情况就是我得不到这份工作
价值观	是什么促使你朝这个方向前进？ 成长　　联结　　诚实　　自我表达 有趣　　真诚　　自发性　　承担风险 冒险　　创造性　　⟮独立⟯　　⟮勇敢⟯

贝拉束起头发去面试……面试后填写的表格。

示例：贝拉的曝光后表格

我达到现实目标了吗？怎样达到的？	是的。我进行了面试
我使用安全行为了吗？我做了什么呢？	没有。我一直把我的脸露了出来
我是如何迈向我的价值观的？	我向独立迈出了一步
实际结果是什么呢？	我确实脸红了，但我还是进行了面试。经理似乎很喜欢我
我学到了什么？	我很确定她注意到我脸红了，但她似乎并不认为这是不雇用我的理由

结果，贝拉并没有得到那份工作。但她继续去参加面试，直到找到工作。不过，贝拉注意到梯子上有一件有趣的事情：她爬得越高，梯级似乎就越多。新工作中忙碌的轮班工作以及整天与人打交道，在她的曝光阶梯上被评为 11 分。超出图表！但在贝拉经历过这一切之后，一切都变得可控了。

新经历引发了她一些新的、自信的想法，这些想法几乎和焦虑的想法一样活跃。通过遵循自己的价值观指南，她正在学习接纳自己，以及新经理给她起的绰号——脸红的贝拉。

当然，曝光过程并不总是一帆风顺。在下一章中，我们将讨论一些常出现的问题以及如何解决这些问题。

CHAPTER 13

问题解决：陷入困境时该怎么办？

就像我们生活的其他部分一样，曝光并不会总是按照我们的计划进行。在本章中，我们将探讨曝光过程中发生的三个最常见的问题以及如何处理这些问题。

你没有坚持曝光

你计划了一次曝光，并很乐意去做，但当你进入实际场景时，你感到比你预期的要焦虑得多。你想逃避的冲动占据了上风，于是你放弃了。

该怎么办？

有可能你选择的梯级太高了。如果你认为是这种情况，那就选择较低的梯级。如果你没有更低的，那就动动脑筋看看能不能想出点什么。

例如，那个自认为絮絮叨叨的露西娅，打算和几个朋友一起吃午餐，并分享她周末做的两件事。露西娅确实已经融入了朋友圈，但当她要说话的时候，她开始出汗，并开始觉得突然谈论自己的事情会听起来很奇怪。在曝光之前，她以为这很容易，而且她的梯子上也没有其他更容易的事情。为了下次把它移动到更低的梯级上，露西娅想出了两个主意：

1. 她可以通过选择让她感觉更舒服的人或与一个人而不是两个人交谈来改变这种情况。

2. 她可以改为问两个问题，这对她来说更容易，并只分享她周末做的一件事。

露西娅选择了第一个主意。她再次进行了同样的曝光，但这一次是与来她家吃晚饭的亲戚一起进行的。

记住，感到焦虑是完全正常的。事实上，如果你真的很焦虑，那么表示你选择了一些你真正需要努力的事情。相反，如果你不感到焦虑，那么你就已经准备好迈向更高的台阶了。你曝光的次数越多，你就会变得越不焦虑，就会获得越多的信心，这也是正常的，所以至少你要有这样的期待。

解决这个问题的另一个

办法是给自己找一个教练。有时，让朋友甚至父母参与进来可以帮助你进行曝光。仅仅是告诉别人你打算做什么就可以帮助你坚持下去。有可能的话，当你进行曝光时或许可以找人陪你一起去，这取决于你的曝光具体是什么。例如，当贝拉去参加求职面试时，她将面试的恐惧程度评为 10 分，她让桑德拉一起在外面陪她等着，在需要时可以给予她支持。

多次曝光后你仍然感到焦虑

多次重复曝光后，你仍然像第一次一样焦虑。

一般来说，重复进行曝光后，你的焦虑感就会有所减轻，哪怕只有轻微的减轻。如果没有减轻，确实会令人沮丧。但在你放弃并再次回避这种情况之前，先来看看是什么让你陷入困境。

你有在利用安全行为吗？ 如果你有，你也不一定会意识到这一点，所以请仔细看看你是如何进行曝光的。你是否以某种方式保护自己免受尴尬的结果？如果你在没有经历实际风险的情况下度过了困境，你也会错过回报。请记住，安全行为就像浮板。你确实在水里，但你相信你没有溺水的唯一原因就是你戴着它。除非你不得不通过拨水和踢腿来保持漂浮，否则你对水的恐惧不会减少。

当贝拉化着浓妆去面试时，这种妆容让贝拉无法测试人们会注意到或评论她脸红的可能性，以及她自己练习应对以下情况的能力：他们确实注意到了脸红并发表了评论。在保持安全行为的同时进行曝光，就像在不取下辅助轮的情况下学习如何骑自行车一样。

如果多次重复曝光仍不能帮助你树立信心，你可能是被歪曲思维劫持了，即我们在第 5 章讨论过的歪曲的思维方式。就像游乐场的哈哈镜一样，它们是一种看待自己和世界的不准确的方式。

在这种情况下，首先要考虑的歪曲方式就是聚光灯效应。你可能非常不自在，对自己的一切言行都很在意，以至于很难融入事情的发展中。在某种程度上，聚光灯就像另一种安全行为。你非常仔细地注意着自己，以免搞砸。试着把聚光灯从自己身上移开，不要审查自己，说出想到的内容，注意周围的人和环境。

当你集中注意力时，确保你没有忽视曝光过程中的积极因素。你是否过度关注任何可能反映出无聊、厌恶、失望或恼怒的面部表情，而错过了对你做出积极反应的表情？对社交焦虑的青少年来说，误读别人的面部表情是很常见的。

如果你没有练习安全行为或陷入了歪曲思维，那么你正在练习的情况可能正是你会始终感到焦虑的一种情况。在某些情况下,无论你练习多少次,反复曝光也无法摆脱焦虑。有些活动很可怕,但我们还是会去做。举一个极端的例子,你可能会一遍又一遍地乘坐过山车,年复一年,然而你的心脏仍然怦怦直跳,你仍然会尖叫并拼命抓住扶手。即使有多年的经验,公共演讲者和舞台表演者在表演之前仍然会感到紧张不安。我们继续做那些让我们感到害怕或紧张的事情,因为我们会得到回报——过山车上重力带来的兴奋感或观众的掌声。焦虑是人生经历中一个重要而正常的部分。如果你已经重复进行了多次曝光,无论是否焦虑,你现在都正在做一些你过去在回避的事情。

你得到了糟糕的结果

你进行了曝光,但事情出了问题——非常、非常糟糕!

最常见的让你觉得曝光出现了问题的事情就是你的焦虑预期成真了。

这里有一些例子:

你脸红而且出汗了,有人评论说:

"看看你脸红了，多么可爱！"

你的曝光是为了与某人聊天。打完招呼后，你的大脑真的一片空白，然后你站在那儿一言不发，只是微笑着，而那个人走开了。

你在英语课上发言，对你们班正在阅读的书发表意见，而另一名学生粗鲁地反对你的观点。

你在社交媒体上发表评论，有人回复你的评论说你很愚蠢。

你会把事情灾难化吗？社交焦虑的青少年对拒绝和尴尬非常敏感。当出现问题时，他们往往会觉得这是灾难性的，自己注定要被嘲笑和拒绝。正如我们从第五章中了解到的，灾难化思维是一种歪曲思维，会导致更多的焦虑感和更多的回避。如果让灾难化的想法引导你，就像让你的焦虑坐在驾驶座上一样。

如果你怀疑自己有灾难化倾向，那就问自己这些问题：

我做了什么可以接受的事？
我正在朝着什么价值观前进？
我是否百分百确定我的灾难化想法是正确的？
更有可能的后果是什么？

事实上,学习如何应对道路上的颠簸既可以帮助你成为一名更好的司机,也可以帮你到达你想去的地方。

无论是否灾难化,受到批评都是痛苦的。当事情出错时,就是练习应对批评的绝佳机会。例如,如果有人说你社交媒体上的帖子"愚蠢",你该怎样维护自己的立场?你的评论真的很蠢吗?或是你自由地表达自己,但他们不喜欢你表达的内容?你可以这样说来维护自己的立场:"这是我的观点,你不必同意。"或者你可以简单地忽略这个评论并继续前行。有些人通过社交媒体来找碴儿,那你就不必与他们互动。维护自己并不是为了改变别人,而是不管别人怎么想或说什么都要忠于自己的想法。

受到评判或批评,并学会应对它,都是我们选择的任何一个曝光的一部分,因为这就是我们控制社交焦虑的方式。当应对变得困难时,回到第9章的练习,并提醒自己有比"坏"结果更糟糕的事情:那就是没有结果,就像根本没有进行曝光一样。如果你把自己置于一个事情可能会变得非常糟糕的境地,而且事实确实如此,那么恭喜你迈出了这一步。通过让自己接受批评,你可以按照自己的价值观生活并朝着自己的目标前进。任务完成!

解决方案

不管你的曝光有什么问题——压倒性的恐惧、持续性的焦虑或者最坏的结果——最有效的解决问题的方法就是重新审视你的曝光表。"什么？"你可能会说，"我真的需要填写这些表格吗？像考试或学校作业一样？"

想要跳过或略读练习很正常。没有人喜欢文书工作。许多青少年觉得他们可以即兴发挥，这些东西太简单了，把所有东西都写下来就是浪费时间。但有一个经过临床证明的理由能说明为什么每次曝光都应该填写练习表。如果没有练习表，在压力下，你更有可能回到原来的自动化思维和安全行为中。如果不花时间填写曝光后表格，你更有可能纠结于无法实现完美主义目标。曝光后表格旨在帮助你以新的方式看待经历，即朝着你的价值观前进并追求对你来说重要的东西。

就当成一次实验，试着把你遇到困难的曝光绘制成表格，从曝光前练习表的 A 部分开始，这部分全都是关于你的恐惧和歪曲思维的。花点时间把每个问题想清楚，尽可能诚实地回答。A 部分可能很难完成，但在你提出新的想法之前，如实评估你的无效想法、目标和行为是必要的一步。曝光前练习表的 B 部分是啦啦队部分。当事情变得艰难时，你会告诉自己什么才能让你不退缩。记住要把重点放在你实际可以完成的事情上以及为什么你首先要这样做。

你填完了吗？恭喜你！必要时经常复习练习表。与值得信赖的朋友或善解人意的父母分享。曝光就像测试，准备得越充分，结果就越好。完成曝光后，记得填写曝光后表格。如果你觉得曝光情况很糟糕，你对这些问题的回答将有助于你调整过来。如果你觉得曝光进展顺利，你的答案将帮助你为下一次做好准备。

用练习表和阶梯来管理你的恐惧，开始你可能会觉得不自然且乏味，尤其是在你开始享受努力练习带给你的回报之前。当你获得动力并开始接近你的目标时，你将会开始以新的方式理解自己的焦虑。与其与恐惧作斗争，不如学着勇敢面对它。我所说的"直面恐惧"是什么意思？阅读下一章找出答案吧！

CHAPTER 14

超越：犯错如何使你更强大？

到目前为止，我一直在向你展示如何将自己置于精心计划的情境中，让自己有面临尴尬的可能，可以帮助你朝着自己的目标迈进并按照个人价值观生活。我希望你现在已经前进了一两步，并对自己的能力有了初步了解。在最后一章中，我将提供一种快速进步的方法、一种超越阶梯的方法。

故意犯错

这个想法很简单。与其让自己有面临尴尬的可能，不如让自己直面肯定会尴尬的情况。这意味着故意犯错误以及故意让自己受到评判和批评，甚至被别人拒绝。你可能会问一个"愚蠢"的问题；你可能故意让某人厌烦；你可能会邀请某些人和你一起做一些你知道他们会拒绝的事情。

"故意？"你想，"你在开玩笑吧？"

这并没有听起来那么疯狂。任何精通某项运动的人都知道，为了变得更好，我们必须具有挑战自己、超越自己的能力。例如，如果你观察滑冰运动员，你会发现他们总是在尝试更困难的、屡屡失败的动作。这就是为什么滑冰运动员说："如果你没有摔倒，你就不是在滑冰。"

正如摔跤是滑冰的一部分一样，犯错也是生活的一部分。没有人可以免受评判和批评。我们通过学习如何从错误中恢复力量而不是避免犯错误来实现目标。你可以等到你不小心犯了一个错，或者你可以故意犯一个错，这样你就可以练习如何从错误中反思更好的方法。猜猜哪种方法可以获得最好的结果。

那么我谈论的是什么样的错误呢？这里有一些"超前"的想法：

在身上和额头上喷水来模拟出汗过多。

喝东西时，故意让你的手颤抖。

在社交媒体上发布一张自己傻乎乎的照片。

在最喜欢的服装店，把衣服翻过来试穿，然后询问店员自己看起来如何。

在便利店用一袋零钱付款。

故意写错社交媒体帖子中的某个词语。

当老师向全班提问时，举手回答错误的答案。

给宠物店打电话，询问他们是否卖狗粮。

在电影开始后，走进电影院然后坐在某人面前。

将手机闹钟设置为电影放映一小时后响起。

买一个蛋卷冰激凌，把它扔掉，然后再免费要一个。

现在明白了吧。如果犯错的想法让你感到焦虑，那么这很可能是一次伟大的"超越式"曝光。

下面是露西娅和克里斯的例子。

露西娅觉得自己很无趣。她害怕引起别人的注意，因为担心别人会评判她。她怎么做的？

她故意打断别人的话。

她在大厅里大喊着向某人打招呼。

她分享一天中很无聊的时光。

克里斯担心他会说错话而出丑。他怎么做的？

他故意叫错某人的名字。

他把一个常用词念错了。

他点了一些他知道餐厅并不提供的东西。

乐意跌倒

我们想要故意在别人眼前搞砸一件事，最大的困难是控制着我们的神经系统的"猴子脑"认为，任何错误都可能是致命的。如果说错话或做错事，那么整个世界就会与你为敌。这种歪曲是最灾难性的，因为它让你把自己藏起来、谨慎行事并且永远不知道如何从错误中恢复并处理错误。因为只有体验被评判，我们才能树立处理评判的信心，所以你必须走出自己的舒适区，去你知道自己会犯错误并招致批评的地方。获得社交自信的最好方法就是故意在社交中犯错。

你可能会想：即使这是对的，它值得吗？当你为学会走路而经受各种摔倒，值得吗？作为一个小宝宝，当你试图站起来时，你摔倒了。你摔倒了而且哭了很多次。但你还是坚持一次次站起来，因为你有一种与生俱来的动力，想要独自穿过房间，投入父母的怀抱。你学会了如何从跌倒中恢复，如何保持心理韧性。最终，你对自己的行走能力有了信心，并且最后对跑步能力也有了信心。

你与他人联结的动力就像你走路的动力一样是与生俱来的。我们都需要归属感。你愿意为了到达想要去的地方而摔跤吗?

结语

了解社交焦虑可以帮助你意识到还有数百万人与你一样,认识到歪曲思维如何驱动感受和行为可以帮助你质疑自己的想法并打破逃避循环。通过一次次面对恐惧、使用应对策略并承担可控制的风险,你就可以摆脱社交焦虑所限制的生活,进入一种新的生活,在这种生活中你可以去自己想去的地方,并交到合适的朋友。

如果你尝试了本书中列出的技巧,那么希望你的社交焦虑有所减轻,并且能够做一些你以前经常回避的事情。为了保持你已经取得的成果,继续练习你的应对思维并督促自己继续进行曝光。就像正在训练的运动员,如果停止锻炼,肌肉力量就会减弱。如果你挑战自己,定期锻炼,你会变得更强壮。

没有人能保证你的社交焦虑会完全消失。即使你已经取得了显著进步,毫无疑问,你还是会有想要回避前一天根本没有困扰你的情况的时候。这是正常的。和其他情绪一样,你的焦虑水平可能会受到睡眠不足、饮食、月经周期、酒精和药物使用等因素的影响。如果你能找出是什么让你感到更加焦虑,你就可以通过调节这种影响来帮助自己。事实上,仅仅只是识别这种影响就可以得到一定的缓解。例如,如果你发现某晚睡眠不好后感到更加焦虑,你可以提醒自己,休息时间更充足时,感觉会更好。

生活中的巨大改变——比如，开始新工作、去新学校、去上大学或者搬到新的社区或城市……这些都可能引发新的社交焦虑。这些都是复习你在本书中所学到的知识和练习技巧的机会。

那么如何判断自己是否真的取得了进步呢？最好的方法是诚实地审视你要回避的情况。将座右铭改成"避免回避"吧！如果回避对你来说重要的事，那么你就陷入了社交完美主义或其他歪曲思维的旧陷阱中。拿出你的价值观指南针，记住对你来说重要的东西，然后向之前帮助过你的技能求助，这些技能会再次帮助你。请记住，你并不孤单，你可以克服社交焦虑！

附录：
给青少年以及他们的父母或监护人

附录 A
关于治疗和药物

本书是一本自助手册。它解释了什么是社交焦虑以及如何克服它，这样它就不会妨碍你在生活中做你想做的事情了。但有时仅靠自助是不够的。如果你在完成本书中的练习和曝光时遇到困难，或者如果你正在做练习但似乎没有进展，那么你可能需要一位咨询师来帮助你一起练习。

这有点像学习一项运动。你可能会读到比赛是如何进行的以及需要怎样练习才能做得好，但是你仍然需要教练。咨询师就像教练。他们可以陪你一起练习你所需的技能，并指出你可能没有意识到的事情，例如安全行为。他们还可以鼓励你完成特别具有挑战性的曝光。

本书以认知行为疗法（CBT）和接纳与承诺疗法（ACT）为基础。CBT 关注想法（认知）、感受和行动（行为）之间的关系。CBT 治疗师将帮助你识别和挑战那些使你更加焦虑的想法，并改变让你的问题变得更糟的行为。ACT 是 CBT 的一种，它更注重改变行为，而不是改变想法。ACT 的目标是确定价值观并致力于采取行动，让你过上更丰富更有意义的生活。

CBT 和 ACT 对于所有焦虑问题（包括社交焦虑）都非常有效。如果你决定去看咨询师，找一个接受过 CBT 或 ACT 训练的咨询师效果会更好。

该向咨询师问些什么

你希望与咨询师相处得舒服。你完全有权对咨询师进行了解，来确保选到适合自己的咨询师，而且他有帮助你想要解决的问题方面的那些经验。以下是适合你和你的父母或监护人了解的问题：

你在认知行为治疗方面接受过什么培训？（咨询师最好能够谈论他们参加过的研讨会、他们咨询过的经验丰富的临床医生、他们所属的组织以及他们持有的 CBT 证书。）

你在治疗社交焦虑方面接受过什么样的培训或具有什么背景？

你目前的治疗有多少涉及社交焦虑？

你认为你在治疗社交焦虑方面有成效吗？

你使用什么技巧来缓解社交焦虑？（可以请咨询师谈论如何使用曝光技巧以及处理歪曲思维。）

如果需要，你愿意离开办公室进行行为治疗吗？（可能需要你和咨询师在公共场所进行某些曝光。）

关于药物

你可能想知道或听说过治疗社交焦虑的药物。有些药物确实可以帮助缓解社交焦虑以及其他类型的焦虑。基本上有两种类型：抗抑郁药和苯二氮卓类药物。

抗抑郁药

你可能会问为什么要开抗抑郁药来治疗焦虑症。原因是药物在大脑中发挥作用以减少抑郁的同时也减少了焦虑。此外，患有社交焦虑症的人也患有抑郁症的情况并不少见。这些药物可以帮助解决这两个问题。

最常见的抗抑郁药称为选择性血清素再摄取抑制剂（SSRIs）。这些药物通过提高血清素水平发挥作用，血清素是一种影响情绪的大脑化学物质。它们还对大脑中影响情绪的其他化学物质起作用。一些常见的SSRIs包括氟西汀（Prozac 百忧解）、帕罗西汀（Paxil 克忧果）、西酞普兰（Celexa）、舍曲林（Zoloft）、艾司西酞普兰（Lexapro）和氟伏沙明（Luvox）。有时使用的其他抗抑郁药包括文拉法辛（Effexor）、度洛西汀（Cymbalta）和米氮平（Remeron）。括号中的每个名称都是该药物的商品名；括号前面的名称是通用名称，是根据药物的化学结构命名的。

另一种类型的抗抑郁药称为三环类抗抑郁药（TCAs）。这些包括阿米替林（Elavil）和丙咪嗪（Tofranil）。开 TCA 类药物不像开 SSRI 类药物那样频繁，因为它们有更多的副作用。

服用 SSRIs 和 TCAs 各有利弊。

优点

- 它们没有那么贵。
- 大多数人觉得服药很容易。
- 这些药物不会使人成瘾。
- 由于你每天服用这些药物，而不是仅在感到焦虑时才服用，因此它们不太可能被用作安全行为。

缺点

- 可能有副作用。最常见的是恶心、腹泻、便秘、困倦或紧张、口干、头痛、打哈欠、颤抖以及性副作用，例如性高潮困难或性欲减退。许多副作用会随着时间的推移而减少。对于二十六岁及以下的人来说，有一个黑框警告：SSRIs 可能会导致自杀念头的增多。这与同时患有焦虑症和抑郁症的人有关，而不是那些只患有焦虑症的人。但是实际的自杀企图并不会增加。
- 这些药物可能需要四到六周才能产生明显效果。并非每种抗抑郁药物对每个人都有效，因此可能需要尝试多种抗抑郁药物才能找到有效的一种。
- 停药可能会导致不适症状，如头晕、恶心、头痛、入睡困难或流感样症状。如果你在停用这些药物时缓慢减少剂量，这些影响就会减弱。
- 当你停止服用这些药物时，社交焦虑的症状通常会复发。

苯二氮卓类药物

苯二氮卓类药物是一种松弛剂，在身体和大脑中发挥作用非常快。人们通常在感到焦虑或惊慌或遇到令他们焦虑的情况时服用它们。常见的苯二氮卓类药物包括阿普唑仑（Xanax）、地西泮（Valium）、劳拉西泮（Ativan）和氯硝西泮（Klonopin）。

服用苯二氮卓类药物有利有弊。

优点

- 见效很快。
- 可以根据需要服用。
- 价格没有那么贵。
- 大多数人觉得服药很容易。

缺点

- 可能会有副作用，如嗜睡、头晕、思维混乱和抑郁。
- 如果把它们与酒精一起混合服用，可能会致命。
- 它们可以成为你所依赖的安全行为。即使你的身体没有上瘾，它们也会妨碍你直面恐惧并树立自信。
- 它们可能会让人上瘾。如果你的家族中有成瘾史，那么你对苯二氮卓类药物成瘾的风险就会更高。
- 当你反复使用这种药物时，你可能会产生耐受性，身体会适应这种药物的持续存在。这可能会导致上瘾，因为随着时间的推移，

> 你会使用越来越大的剂量来达到相同的效果。
> - 如果你已经产生了耐受性，你的身体可能会出现戒断反应，典型症状是颤抖、出汗、腹泻和心悸，以及高度焦虑的反弹效应。

其他药物

你可以根据需要服用其他药物，这些药物不会成瘾，也不会产生耐受性。例如羟嗪（Atarax）、丁螺环酮（Buspar）和加巴喷丁。你可以与你的医生讨论这些选择。

是否服用药物

你是否应该服用药物来治疗焦虑？首先，认为你应该或不应该做什么本身就是错误的做法。这句话暗示着每个人都有绝对的对与错，这就是完美主义思维。

如果你正在经历严重的焦虑，它影响了你的社会功能，例如走出家门去上学，或进行本书中的练习，那么你可能需要与你的医生讨论进行药物治疗。通常是医生开具治疗焦虑症的药物，最常见的是家庭医生、全科医生或精神科医生（专门研究心理健康的医生）。

对于那些尝试药物治疗的人来说，将药物与CBT结合起来可以获得最好的效果。这是有道理的。药物可以帮助你降低焦虑程度，CBT疗法将教会你克服当前和长期焦虑的技能。这样，当你停止服药时，你就不太可能经历社交焦虑的复发。

附录 B
其他常见的焦虑类型

患有社交焦虑的人通常也有其他类型的焦虑。下面列出了最常见的类型和一些典型症状。虽然本书中的许多练习可以帮助解决下面列出的问题，但最好了解针对每种焦虑类型的特定工具和练习。

惊恐发作

当你没有预料到的时候，突然感到非常害怕

生理感觉如心跳加速、呼吸困难或头晕

害怕发疯、死亡或失去控制

害怕离开家

在商店或班级感觉被困住

全身性焦虑

难以控制的担忧

担心自己或所爱的人可能受伤或死亡

担心地震、海啸或飓风等自然灾害

担心家庭作业、考试或在学校遇到麻烦

担心迟到

生理症状如胃痛和头痛

恐惧症

害怕特定的地方，如电梯、高处或水里

害怕某些动物或昆虫

害怕针头或血液

害怕呕吐

强迫症

不想要的和不愉快的想法盘踞在你的脑海中

害怕细菌或弄脏

担心自己伤害了某人或做了坏事

需要东西变得平整或恰到好处

即使你知道某些行为没有意义，也要重复它

分离焦虑

害怕独处或独自睡觉

害怕离开父母

上学、郊游或外出过夜时感到焦虑

创伤后应激障碍

对创伤事件做出强烈的恐惧、无助和回避反应

通过闪回或噩梦重新体验创伤

感到麻木并回避那些能使你想起创伤的人、地方或活动

成就证书

谨将此证书颁发给

_____

（你的名字）

因为你已圆满完成了
《你可以克服社交困难》中的所有练习

日期：_____

你为此一定付出了辛苦和努力，祝贺你！